FSC
www.fsc.org
MIX
Papier aus verantwortungsvollen Quellen
Paper from responsible sources
FSC® C105338

Bibliografische Information der Deutschen Bibliothek

Diese Publikation ist in der Deutschen Nationalbibliothek verzeichnet; detaillierte bibliografische Angaben sind im Internet über <http://dnb.dnb.de> abrufbar.

1. Auflage 2023

Herstellung und Verlag: BoD – Books on Demand, Norderstedt
Satz & Layout: Stefan Matysiak
Titelbild (Ausschnitt): Kunsthalle Wilhelmshaven 2011
Bild vierte Umschlagseite: Stefan Matysiak
Weitere Infos: www.goettinger-presseforschung.org

ISBN 978-3-7392-2162-5

Zeitungsleser im Kriegshafen

Franz Radziwills *Inselbrücke in Wilhelmshaven*
und die Presse im Nationalsozialismus

Eine digitale historische Medieninhaltsanalyse

(Veröffentlichungen des Göttinger Instituts für Presseforschung)

Inhalt

Abbildungsverzeichnis

Einleitung

Knapp 40 Jahre nach seinem Tod am 12. August 1983 geriet Franz Radziwill in den Fokus der Öffentlichkeit: Das Oldenburgische Staatstheater brachte ein Stück auf die Bühne, in dem erstmals Interviewpassagen präsentiert wurden, in denen der Maler 1981 – mehr als dreieinhalb Jahrzehnte nach Ende des Nationalsozialismus – seine unverändert antisemitische Grundeinstellung herausgestellt hatte. Radziwill bezeichnete die jüdischen Bevölkerungsgruppen als ein fremdes Volk, das an seiner Vernichtung selbst Schuld gewesen sei. Das Jüdische sei dem Deutschen »wesensfremd«.[1] Diese Äußerungen passen zu seiner »unmissverständlich artikuliert[en]«[2] Nähe zum NS-Staat und zum Militarismus[3], über die immer wieder diskutiert wurden.

Vor einem deutlich militaristischen Hintergrund kann auch die *Inselbrücke in Wilhelmshaven* (1934, Abbildung 1) gelesen werden, denn es handelt sich um eine Ansicht des Kriegshafens der Nordseestadt.

Doch obwohl Radziwill zur Entstehungszeit des Bildes noch Profiteur und glühender Anhänger der braunen Bewegung war,[4] wird sein Gemälde bislang nicht ernsthaft vor dem Hintergrund seiner schillernden Position zum Nationalsozialismus bzw. einer rechtsradikalen militaristischen Gedankenwelt diskutiert. Im Gegenteil, so habe Radziwill für WEIGEL[5] mit der *Inselbrücke* lediglich ein Stadtportrait Wilhelmshavens geschaffen, das zwar auch Kriegsschiffe zeige, bei dem es sich aber nicht um ein damals typisches ideologisch aufgeladenes sogenanntes »Marinebild« gehandelt habe. Solche Marinebilder sind im Allgemeinen mit einer explizit militaristischen Haltung verbunden, das Genre entstand »in Verbindung mit der militärischen Aufrüstung im wilhelminischen und später nationalsozialistischen Deutschland und wurde für politische und nationale Ziele instrumentalisiert«[6].

---

[1] Zit. n. Koopmann 2023.
[2] Anonymus 2007.
[3] Soine 1992b, 10f.
[4] Neumann-Dietzsch 2011, 9.
[5] Weigel 2017, 16.
[6] Hinrichs 2017, 69.

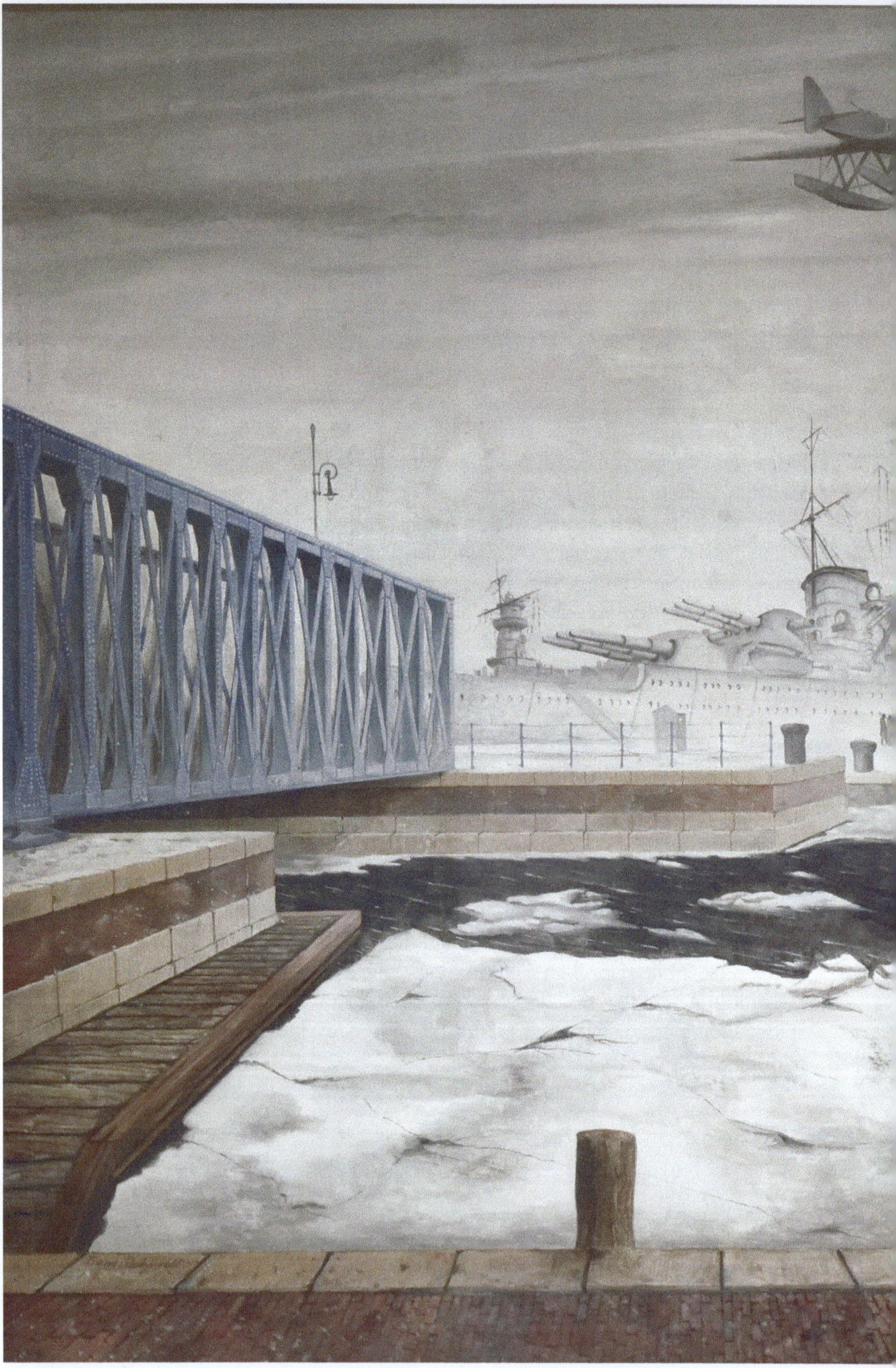

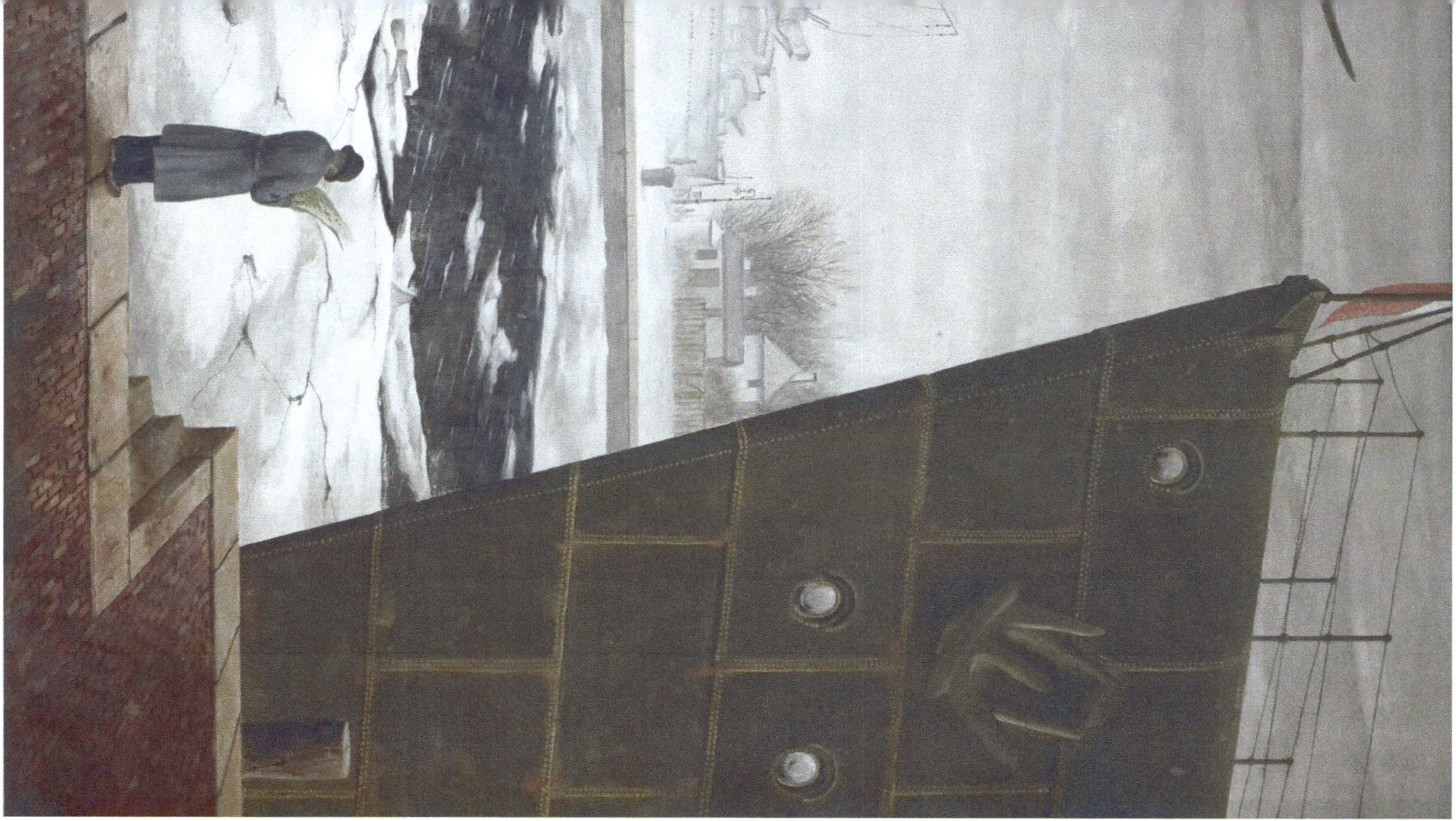

Abbildung 1: Franz Radziwill, Inselbrücke in Wilhelmshaven *(1934).*

[5] Bildquelle: Kunsthalle Wilhelmshaven 2011.

Dabei ist das Militärische unübersehbar. In der unteren Bildhälfte, im Vordergrund, ist ein Hafenkai zu sehen, dahinter ein Hafenbecken. Horizontal im Mittelgrund erstreckt sich ein weiterer Kai, daran anschließend folgt wieder Hafengelände. Noch eine Ebene dahinter (aber zentral im Hintergrund) liegt ein Kriegsschiff, die hochmoderne ›Deutschland‹. Im rechten Drittel begrenzt der steil aufragende Bug eines weiteren Kriegsschiffs die Szenerie, an dessen Spitze der untere Teil der schwarz-weiß-roten Bugflagge der Reichsmarine zu erkennen ist. Das linke Bilddrittel wird von Kaimauern sowie der Titel-gebenden Brücke bestimmt, die den vorderen festländischen Teil des Kriegshafens mit den im Bildmittelgrund liegenden Arealen verbindet, die damals auf einer Insel[8] lagen. Die Brücke konnte gedreht werden,[9] um den Schiffen den Weg ins offene Meer freizugeben. Mittig am oberen Bildrand fliegt ein kleines Wasserflugzeug, dem die ›Deutschland‹ als Flugzeugträger dienen sollte.[10]

Ganz im Vordergrund auf der Kaimauer befinden sich ein Zeitungsleser sowie ein Poller zum Vertäuen der Schiffe. Diese beiden senkrechten Körper teilen das Bild vertikal in drei gleich große Segmente. Der Leser ist in Richtung des am rechten Bildrand ankernden zweiten Kriegsschiffs ausgerichtet, wobei der Mann derart in seine Lektüre versunken zu sein scheint, dass er keines der beiden Schiffe wahrnehmen dürfte.

Die Szene spielt im Winter, große Bereiche des Gemäldes zeigen sich in Weiß. Das vordere Hafenbecken ist zugefroren, lediglich eine von rechts nach links verlaufende schmale Fahrrinne ist weitgehend eisfrei. Dort dümpeln ein paar Eisschollen in Richtung offenes Meer.

Man mag darüber streiten, ob es sich bei der *Inselbrücke* wirklich um »kein zeittypisches Marinebild« handelt, Radziwill reproduziert mit dem Motiv des Panzerschiffs gleichwohl jedoch ein großes Symbol nationalsozialistisch-militaristischer Weltsicht.

Zugleich gehört die *Inselbrücke* zu den eher seltenen Gemälden aus der Zeit des Nationalsozialismus, auf denen eine Zeitung dargestellt ist. Auch dieses Motiv wurde bislang nur wenig betrachtet. Hier stellt sich die Frage, welche Rolle der Zeitungsleser in Radziwills ideologischer Gedankenwelt spielte. Die Beschäftigung mit diesem Motiv kann einen vertieften Einblick in die nationalistischen und militaristischen Träume

[8] Plaß 2017.
[9] Schmied 2003, 194.
[10] Soine 1992b, 15.

ermöglichen, deren Erfüllung sich Radziwill 1933 vom Wahlsieg Adolf Hitlers erhofft hatte.

In der vorliegenden Untersuchung soll es darum gehen, Radziwills Gemälde in Bezug auf den Zeitungsleser zu analysieren. Deutungshintergrund ist die nationalsozialistische Außen- und Pressepolitik.

Um die ideologischen Grundlagen des Malers zu klären, wird zunächst im Anschluss an diese Einleitung beschrieben, in welchem Verhältnis Radziwill zur deutschen Reichsmarine stand sowie welche Sicht er auf Kriegsschiffe und die nationalsozialistische Flottenpolitik hatte. Im dritten Kapitel wird geschaut, wie sich die *Inselbrücke in Wilhelmshaven* in die zeitgenössische Flottenpolitik einsortierte. Wie gut passten der sich Bahn brechende nationalsozialistische Militarismus und Radziwills Vorstellungen von der Zukunft der deutschen Marine zusammen?

Um die dramaturgische Rolle des Zeitungslesers zu klären, wird anschließend im vierten Kapitel eine digitale Analyse der Inhalte der zeitgenössischen Presse vorgenommen, die in den Monaten nach der Ernennung Adolf Hitlers zum Reichskanzler bis zur Vollendung des Gemäldes im Winter 1933/34 erschien. So soll geklärt werden, ob sich in der Berichtserstattung Anhaltspunkte finden, die zur Deutung der Funktion des Zeitungslesers beitragen können. Diese Analyseergebnisse werden sodann im fünften Kapitel in die damalige nationalsozialistische Pressepolitik eingeordnet. Im sechsten Kapitel folgt eine Analyse der im Verlauf des Jahres revidierten nationalsozialistischen Rüstungspropaganda und der damit einhergehenden veränderten Pressepolitik.

Im siebten und letzten Kapitel wird schließlich erörtert, welche Konsequenzen sich auf der Basis der medienpolitischen Analysen für die Deutung von Radziwills Zeitungsleser ziehen lassen.

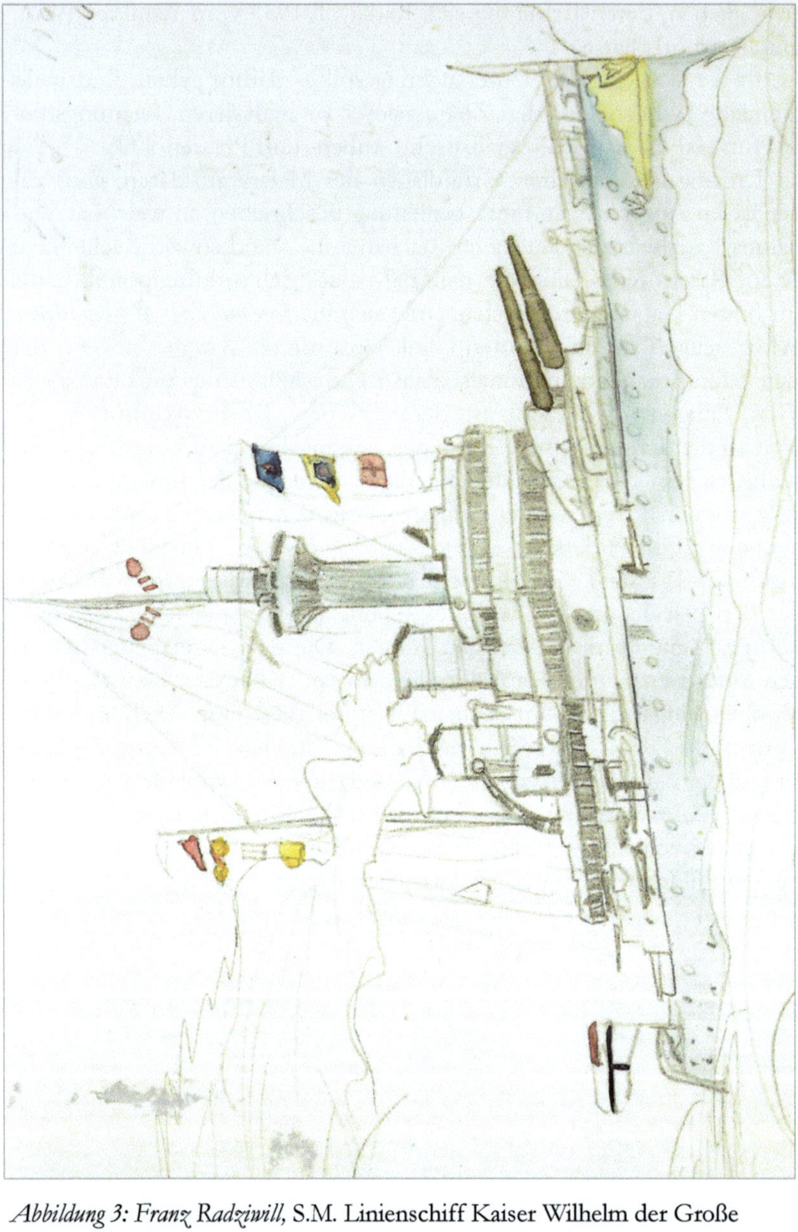

Abbildung 3: Franz Radziwill, S.M. Linienschiff Kaiser Wilhelm der Große *(1910; Ausschnitt).*[11]

[11] Bildquelle: Soine 1992a, 53.

Radziwills militaristischer Seeblick

Radziwill hatte ein Faible für die Marine. Die *Inselbrücke* gehört in eine Reihe von Gemälden, mit denen Radziwill seine Begeisterung für Schlachtschiffe und den Seekrieg ausdrückte. Neben den Schiffen zeigen viele seiner Bilder Kampfflugzeuge. Solche militaristischen Motive begleiteten den Maler zeit seines Lebens. Schon zu seinem künstlerischen Frühwerk (als 15-Jähriger) gehört die Darstellung *S.M. Linienschiff Kaiser Wilhelm der Große* (1910), bei dem es sich allerdings nicht – wie der Begriff »Linienschiff« vermuten lassen könnte – um einen Passagierdampfer, sondern um ein Kriegsschiff[12] handelte. Schon auf diesem Bild richtete Radziwill seine Aufmerksamkeit besonders auf die Bewaffnung: Auf der Tuschezeichnung sind die beiden auf dem Vorderdeck positionierten schweren Schnellfeuergeschütze durch die Farbkraft besonders hervorgehoben (Abbildung 3, vorherige Seite).

Der Seekrieg faszinierte Radziwill auch in späteren Jahrzehnten. In den 1920er Jahren malte er beispielsweise zwei Bilder, die ihr waffenstarrendes Thema bereits im Namen tragen: Jeweils 1927 entstanden *Schlachtschiffe auf Reede* und *Torpedoboote auf der Jade* (Abbildung 4).

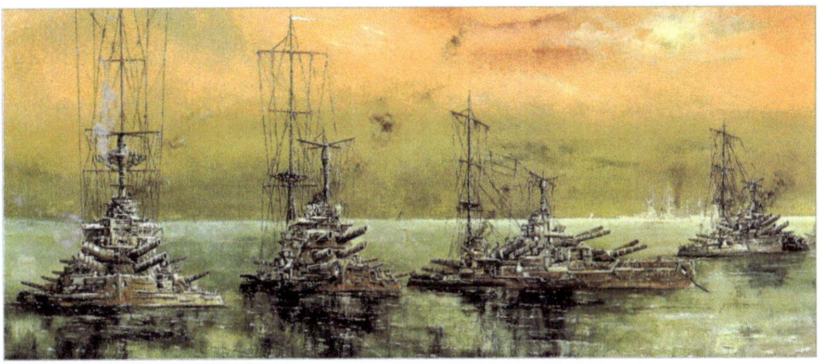

Abbildung 4: Franz Radziwill, Schlachtschiffe auf Reede *(1927, Ausschnitt).*[13]

[12] Sams 2017, 137.

[13] Bildquelle: Soine 1992a, 67.

Auch bei den *Schlachtschiffen auf Reede* betonte Radziwill die Bewaffnung. Die insgesamt fünf Kriegsschiffe stattete der Maler detailliert mit zusammen rund 50 Kanonen aus. Obwohl sie in Ruheposition normalerweise waagerecht ausgerichtet sind, präsentiert der von den Kriegsschiffen faszinierte Maler die Geschützrohre phallisch erigiert nach oben zielend. Mit den »bedrohlich wirkende[n] Darstellungen« habe Radziwill »die Zerstörungskraft der Kriegsmarine«[14] darstellen wollen. Es ging ihm um die militärische Potenz der Geschütze.

Und auch nachdem die nationalsozialistische Kulturpolitik im Jahr 1935 mit Radziwill gebrochen hatte,[15] malte der verschmähte Künstler weiter Kriegsschiffe. Weitere Bilder, mit denen Radziwill seinem maritimen Militarismus frönte, sind beispielsweise *Auslaufendes U-Boot* (1936), *Kriegsschiff* (1937) oder *Deutsches Schlachtschiff in der Eckernförder Bucht* (1942). Insbesondere in seinen nach 1939 entstandenen Gemälden zeigt sich »stolze Begeisterung für die Siege der deutschen Streitkräfte«[16].

Fasziniert von der militärischen Potenz der Schlachtschiffe

Als sittlich-moralischer Tiefpunkt seiner Faszination von der Kriegsmarine kann das Gemälde *Die Beschießung der Stadt Almeria* aus dem Jahr 1938 betrachtet werden, mit dem Radziwill den Angriff von fünf Kriegsschiffen auf die spanische Hafenstadt Almeria Ende Mai 1937 feierte. Die Hafenstadt war von der deutschen Marine bombardiert worden, nachdem ein paar Tage zuvor republikanische Kampfflugzeuge im Zuge des spanischen Bürgerkriegs das Panzerschiff ›Deutschland‹ angegriffen hatten. Die deutschen Schiffe waren von Nazideutschland nach Spanien beordert worden, um dort die aufständischen Franco-Faschisten im Kampf gegen die gewählte republikanische Regierung zu unterstützen.

Radziwill wirft auf seinem Gemälde einen Blick von See über zwei deutsche Kriegsschiffe hinweg auf die Küste Almerias (Abbildung 4). Gezeigt werden das Schlachtschiff ›Admiral Scheer‹ und ein kleineres Kriegsschiff, die die schon brennende Stadt weiter unter Feuer nehmen. »Immer wieder und wieder feuerten die Geschütze der deutschen Schlachtschiffe und verwandelten die schöne, verträumte und ruhige Stadt in ein Inferno.«[17]

---

[14] Hinrichs 2017, 403.

[15] Van Dyke 2011, 24-25, Neumann-Dietzsch 2011, 9-13.

[16] Van Dyke 2011, 27.

[17] Ludwig 2019.

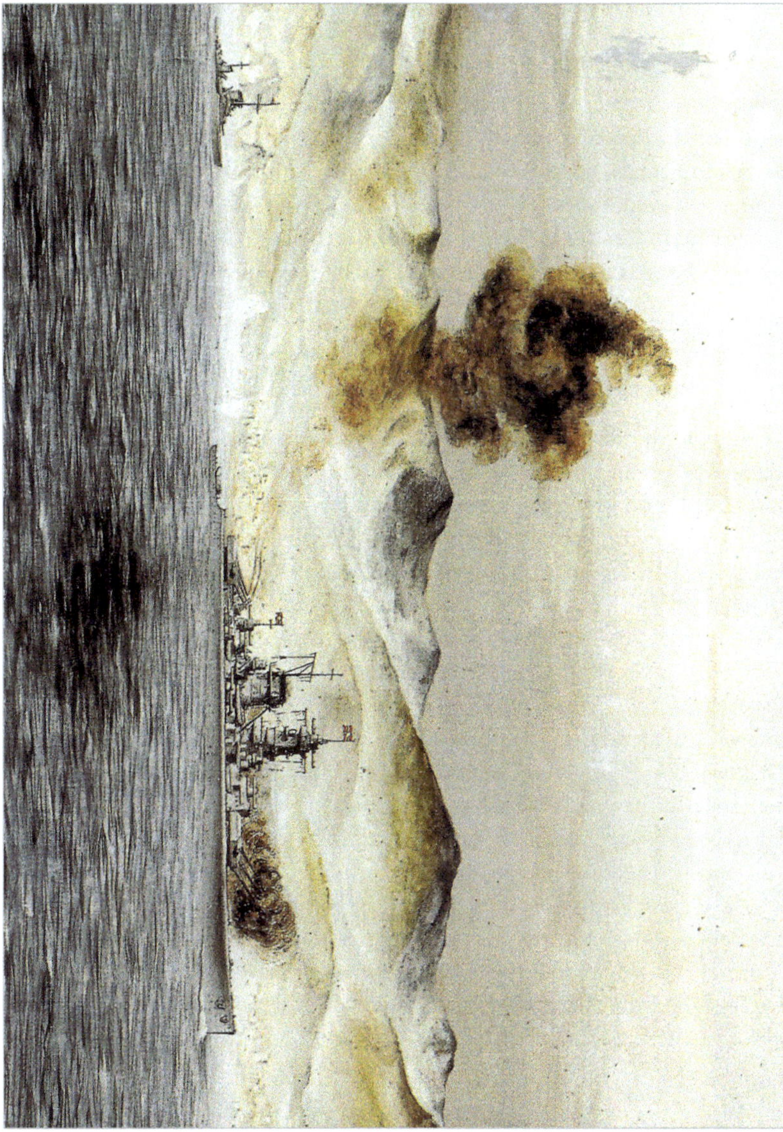

Abbildung 5: Franz Radziwill, Die Beschießung der Stadt Almeria *(1938; Ausschnitt).*[18]

[18] Bildquelle: Soine 1992a, 109.

Der Angriff auf Almeria erfolgte fünf Wochen nach der deutsch-italienischen Bombardierung Guernicas und zerstörte weite Teile der wehrlosen Stadt. Die Zahl der getöteten Zivilisten wird unterschiedlich hoch angegeben, liegt aber im niedrigen zweistelligen Bereich. Der Beschuss hätte jedoch deutlich mehr Opfer gefordert, wären nicht große Teile der Bevölkerung aus Furcht vor dem Krieg in die umliegenden Dörfer geflohen gewesen.[19]

Für SOINE ist der Angriff auf Almeria nach Guernica »der zweite massive Eingriff der nationalsozialistischen Wehrmacht in den Spanischen Bürgerkrieg«.[20] In der zeitgenössischen internationalen Presse wurde der Beschuss in eine Reihe mit der Zerstörung Guernicas gestellt. So schrieb der Londoner *Daily Telegraph*: »Die Zerstörung [...] ist größer als die, die durch irgendein einziges Bombardement während des spanischen Krieges angerichtet wurde, mit der möglichen Ausnahme der Bombardierung von Guernica an der baskischen Front.«[21]

Schlachtgemälde als sittlich-moralischer Tiefpunkt

Guernica, von Pablo Picasso gemalt, und *Almeria* von Franz Radziwill – zwei Verbrechen an der Zivilbevölkerung auf zwei verschiedenen Gemälden. Ein Vergleich von *Die Beschießung der Stadt Almeria* mit Picassos *Guernica* zeigt den frappanten Unterschied zwischen den beiden Künstlern: Während Picasso in seinem Gemälde die Zerstörung und das Leid der Zivilbevölkerung in die Welt herausschreit, blickt Radziwill wohlwollend aus der Perspektive der deutschen Kriegsschiffe auf die brennende Küste und malt die Beschießung »wie eine Art Kriegsberichterstatter bzw. Kriegsmaler«[22]. Mit dieser Darstellung übernahm Radziwill die Sicht der verantwortlichen Marinekommandanten, deren Lebenswelt und Einstellungen er teilte.

Zu diesen Einstellungen gehörte es, die humanitären Konsequenzen des Seekriegs zu ignorieren. Sein militaristisches Bild zeigt zwar einen Himmel mit dunklen Rauchwolken, unterschlägt Tod und Zerstörung der Stadt jedoch ansonsten völlig. Der von Radziwill gemalte Beschuss wirkt in diesem Sinne auf SOINE wie ein »harmloses Manöverschie-

19 Gómez García 2020, 183.

20 Soine 1992b, 19.

21 How the German Fleet Shelled Almeria, *Daily Telegraph*, London, 5.6.1937. Abgedruckt in: Esenwein 2005, 134f.

22 Hümme 2005, 209.

ßen«[23] – das Gemälde kann mithin als eine Verharmlosung des Kriegsleids gedeutet werden.

Die militaristische Darstellung war kein Zufall, denn das Gemälde war für den seinerzeitigen Kommandanten des federführenden Panzerschiffes ›Admiral Scheer‹, Otto Ciliax, als eine Art Ehrung bzw. Trophäe gedacht. Das Thema variierte Radziwill auch in dem Aquarell *Die ›Admiral Scheer‹ vor Almeria* (ebenfalls 1938),[24] das auf einem im Kern ähnlichen Foto basiert,[25] das ein Besatzungsmitglied während des Beschusses von Almeria aufgenommen hatte, um Geschützqualm und militärischen Erfolg für die Ewigkeit festzuhalten, und das Radziwill mit einer freundlichen Widmung von Ciliax verehrt bekommen hatte. Nachdem er ein Jahr später auf einer Lustreise mit einem Schlachtschiff den Tatort besucht hatte, war Radziwill nicht zuletzt auch »auf Grund der Berichte befreundeter Offiziere«[26] über den realen Ablauf des Angriffs sehr gut informiert.

Mit seinen Marinegemälden hatte sich der den Nationalsozialismus unterstützende Maler 1933 freiwillig in die propagandistische Rolle begeben, die »Rüstung unseres herrlichen Vaterlandes« zu feiern.[27] Die in seinen Gemälden erkennbaren Ideale und Ideologisierungen hoben die Stimmung der Militärs, denn sie trugen »zur Glorifizierung des Krieges im Allgemeinen und Mobilisierung der eigenen Kräfte im Besonderen«[28] bei. Indem er im Sinne seiner militaristischen Marinefreunde malte, erfüllte Radziwill die ideologischen Grundbedingungen für die erfolgreiche Vermarktung seiner Bilder, wodurch Militärs für den Künstler zu einem wichtigen Absatzmarkt wurden. Aufgrund seiner engen Militärkontakte dürfte er jene für die Akzeptanz bei den Militärs wichtigen marinepropagandistischen Wertvorstellungen und Interpretationsmuster[29] eingesogen haben, die berücksichtigt werden mussten, wenn er für diese Zielgruppe Kriegsschiffe malte.

Der gesicherte Absatz galt auch für *Die Beschießung der Stadt Almeria.* »He may have been commissioned to paint the picture, or perhaps did so with the well-founded hope that it would find a buyer.«[30] Das Gemälde

[23] Soine 1992b, 20.
[24] Abgedruckt in Soine 1992a, 107.
[25] Abgedruckt in Soine 1992b, 20.
[26] Soine 1992b, 19.
[27] Franz Radziwill, Schreiben an I. Radziwill, 1.3.1933, zit. n. Hünecke 2017, 39.
[28] Hümme 2005, 213.
[29] Hagen 2012, 170.
[30] Van Dyke 2011, 149.

wurde von der Marine in Auftrag gegeben und gelangte in Ciliax' Kapitänskajüte, der sich für die in seinem Sinne gelungene Darstellung noch Jahre später herzlich bedankte.[31] Neben Ciliax konnte Radziwill noch andere Marinekommandanten mit seinen den Militarismus feiernden Gemälden erfreuen, was seine starke Verankerung in der Lebenswelt höherer Marinekreise belegt.

Indem er mit seinem Marineoevre seine Faszination für »die vernichtende Kriegsmaschinerie«[32] auf Leinwand bannte, lud sich Radziwill eine Mitschuld an einem nationalsozialistischen Kriegsverbrechen auf.[33] Denn bereits 1910 hatte auch Deutschland die Haager Konvention für den Seekrieg von 1907 in Kraft gesetzt, nach der dieser Beschuss der Zivilbevölkerung ausdrücklich verboten gewesen war: »Es ist untersagt, unverteidigte Häfen, Städte, Dörfer, Wohnstätten oder Gebäude durch Seestreitkräfte zu beschießen.«[34] Während Radziwill den Beschuss feierte, sieht LUDWIG in dem Angriff auf die Stadt einen jener Einsätze, »die nur Beschämung hervorrufen, Einsätze, für die sogar die Bezeichnung ›Kriegsverbrechen‹ nicht zu weit liegt«.[35] Mit seinem Gemälde stellte sich der Maler zudem in eine Reihe mit Adolf Hitler, der den völkerrechtswidrigen Beschuss Almerias persönlich angeordnet hatte.

Der Beschuss von Almeria war völkerrechtswidrig

[31] Soine 1992, 19b; Van Dyke 2011, 149f.

[32] Hümme 2005, 222.

[33] Peters 1998, 165.

[34] Abkommen, betreffend die Beschießung durch Seestreitkräfte in Kriegszeiten 1907, Art. 1.

[35] Ludwig 2019.

Die *Inselbrücke* und der nationalsozialistische militärische Aufbruch

Radziwills militaristischer Gefühls- und Gedankenwelt entsprang auch die *Inselbrücke in Wilhelmshaven.* Bisherige Bildinterpretationen beschreiben vor allem das Motiv der militärischen Kraft, das der Maler in seinem Gemälde ausgedrückt habe, in VAN DYKES Worten die »Versinnbildlichung der Kraft«[36]. Um diese militärische Kraft zu betonen, habe Radziwill wie schon in seinen anderen Marinebildern »die Bewaffnung übersteigert«[37] und zu diesem Zweck eigens auf dem Achterdeck die Zahl der Drillingsgeschütze von einem auf zwei erhöht.[38]

Mit dieser »Versinnbildlichung« traf Radziwill auch den Geschmack des Käufers des Gemäldes, des Schiffskommandanten Hermann von Fischel. Auch der lobte die Kraft, genauer die »zusammengeballte Kraft«[39], die für ihn das abgebildete Panzerschiff ›Deutschland‹ verkörperte. Die schweren Geschütze des Kriegsschiffs zeigen: Diese Kraft ist militärischer Art.

Kommandant lobt die Kraft des Schiffs

Das Panzerschiff ist – im Sinne dieser militärischen Kraft – ein Hauptmotiv des Gemäldes, es ist jedoch ein gebrochenes Motiv. Für seine große Bedeutung spricht vor allem die zentrale Position des Schiffs: Die ›Deutschland‹ liegt exakt im Zentrum der Hafenszene. Die zentrale Bedeutung wird zudem durch die Nennung des Schiffsnamens im Gemäldetitel – in dessen Langfassung – unterstrichen, *Inselbrücke in Wilhelmshaven mit der ›Deutschland‹*. Das Panzerschiff ist zudem von schräg achtern gemalt, was die beiden großen Drillingsgeschütze und dessen Kampfkraft betont.

Diese Schiffsdarstellung ist von Radziwill jedoch deutlich zurückhaltender konstruiert als etwa im Gemälde *Die Beschießung der Stadt Almeria*, wo das Panzerschiff aus vollen Rohren schießend während eines Kampfeinsatzes dargestellt wurde. So befindet sich das Schiff auf dem Gemälde aus dem Winter 1933/34 trotz

Blasses Hauptmotiv

[36] Van Dyke 2017, 68.
[37] Soine 1992b, 14.
[38] Soine 1992b, 15.
[39] Zit. n. Soine 1992b, 15; Peters 1998, 174.

seiner zentralen Rolle nicht im Vordergrund, sondern sehr zurückgehalten im Hintergrund. Außerdem befindet sich die ›Deutschland‹ zwar im Bildzentrum, beherrscht das Zentrum aber nur eingeschränkt, denn es nimmt lediglich ein Drittel der Waagerechten in Anspruch. Zum Dritten wird das Schiff nicht ganz gezeigt, sondern ist zum Teil von jener Drehbrücke verdeckt, die dem Gemälde den Namen gab. Und schließlich ist das Motiv auch noch farblich abgeblendet: Das nur schemenhaft konturierte Schiff verschwimmt mit dem schneeweißen Hintergrund.

Deutlich präsenter zeigt sich dagegen das Kriegsschiff im Vordergrund. Es ist zwar nur der Bug dargestellt, dieser jedoch groß und detailreich sowie erheblich farbkräftiger ausgeführt. Deutlich sind die einzelnen Stahlplatten zu erkennen, aus denen die Außenhaut zusammengenietet ist.

Das blasse Panzerschiff in der Bildmitte und das klar konturierte Kriegsschiff im Vordergrund unterscheiden jedoch nicht nur in der Malweise, sondern beide Motive sind auch in puncto Modernität gegensätzlich: Der von tausenden Nieten zusammengehaltene Schiffsrumpf ist ein Kennzeichen einer überholten Marinetechnologie, wohingegen der Körper der ›Deutschland‹ erstmals bei einem Großschiff auf modernste Weise elektrisch geschweißt war, was zu einer deutlichen Gewichtsreduzierung führte und dem Schiff höhere Geschwindigkeiten ermöglichte.[40] Indem er das Alte deutlicher malte als das Moderne, reduzierte Radziwill auf die vierte Art und Weise die Kraft des Panzerschiffs.

Modernes Panzerschiff vs. alter Kahn

Die Geschichte, die das Gemälde erzählen kann, geht jedoch über das Narrativ der militärischen Kraft hinaus. Eine in diesem Sinne erweiterte Bildinterpretation beginnt im Vordergrund beim Hafenbecken, das wegen des Winters weitgehend zugefroren ist. Das Bild zeigt jedoch auch schon eine vom Eis befreite Fahrrinne, die nicht mehr zufriert, sondern in der einige Eisschollen langsam nach draußen schaukeln. Das Kriegsschiff im Vordergrund ist zwar noch vom Eis eingeschlossen und zudem das Auslaufen noch durch die quer über das Hafenbecken reichende Inselbrücke behindert. Doch die freie Fahrt auf das offene Meer ist absehbar.

Das Motiv des schmilzenden Eises kann als Verbildlichung des von der Naziherrschaft ersehnten politischen und militärischen Aufbruchs gelesen werden: Noch ist es Winter, die aufgebrochene Fahrrinne verweist jedoch bereits auf den Frühling, sie lässt schon den vom Eise be-

[40] Anonymus 1933g; Prager 1995, 17f.

freiten Weg auf die Weltmeere erahnen. Das Motiv des aufgebrochenen Eises und des langsam vergehenden Winters verweist auf ein im Jahr 1933 häufig bemühtes Narrativ. Große Teile der bürgerlichen Elite illustrierten mit Hilfe der Jahreszeiten ihre politischen Erwartungen vom Erwachen Deutschlands: »Mit dem ›nationalen Aufbruch‹ 1933 habe nach einem harten, eisigen Winter endlich der lang ersehnte Frühling begonnen.«[41] Hitlers Machtübernahme wurde als Akt der Befreiung von der gefühlten nationalen Demütigung und Schwäche begriffen, zu der das Deutsche Reich als Folge des verlorenen Weltkriegs verurteilt worden war. Die *Gütersloher Volks-Zeitung* freute sich in diesem Sinn, als Folge Hitlers Machtantritt sei »die Welle der nationalen Erneuerung wie ein brausender Frühlingssturm durch das Land« durch das Land gegangen, die »zum Wiederaufbau des Vaterlands und zur nationalen Erneuerung« führen werde.[42]

Frühling als Chiffre für Wiederaufstieg des Deutschen Reichs

Für die deutsche Marineleitung sollte dieser Frühling – »ganz im Sinne des nicht aufgegebenen Weltmachtstrebens«[43] – wie schon im Ersten Weltkrieg als Revanche zu einem neuen Konflikt mit Frankreich führen, weshalb sie bereits seit 1928 »die Konzeption einer offensiven, auf den Atlantik gerichteten deutschen Seestrategie«[44] ausarbeite, die »unzweideutig den Krieg im Atlantik implizierte«[45].

Radziwills Gemälde kann in diesem Sinne als Ausdruck seiner Freude gelesen werden, dass das neue nationalsozialistische Deutschland vor der Wiedererlangung militärischer Kraft und vor dem militärischen Aufbruch zur See stand. Dank Hitlers Herrschaftsantritt werde die Große Fahrt des Kriegsschiffs ›Deutschland‹ bald beginnen, wie auch angesichts des aufbrechenden Eises alle Kriegsschiffe angefangen haben, an ihren Trossen zu zerren. Kommt der Frühling, wird sich die schwenkbare Inselbrücke zur Seite drehen und den Weg freigeben. Mit der aufgebrochenen Fahrrinne, die in Richtung Meer führt, gehört Radziwills Gemälde in den Kreis jener Werke, bei denen »in der Zeit des Nationalsozialismus die Nordsee als Projektionsraum für politische und ideologische Ideen sowie propagandistische Absichten«[46] dienten.

41 Hachtmann 2004, 6.
42 Anonymus 1933s.
43 Scholl 1991, 35.
44 Schreiber 1981, 183.
45 Schreiber 1981, 191.
46 Hinrichs 2014, 131.

Das Narrativ des kommenden Frühlings wurde von zeitgenössischen deutschen Poeten explizit auf das von Radziwill in Öl gebannte Panzerschiff ›Deutschland‹ übertragen, so etwa in »April!« von Ernst Heiter. In seinem Gedicht »braust ein neuer Frühlingssturm« über das Land, der sich daran zeigt, dass »die ›Deutschland‹ [...] in Dienst gestellt« ist. Damit seien Aufbruch und Erneuerung eingeleitet: Der ersehnte Frühling sei ein »frisches Weh'n, ein neuer Klang«, der das Hitlerreich »in eine neue Zeit« führen werde (Abbildung 6).

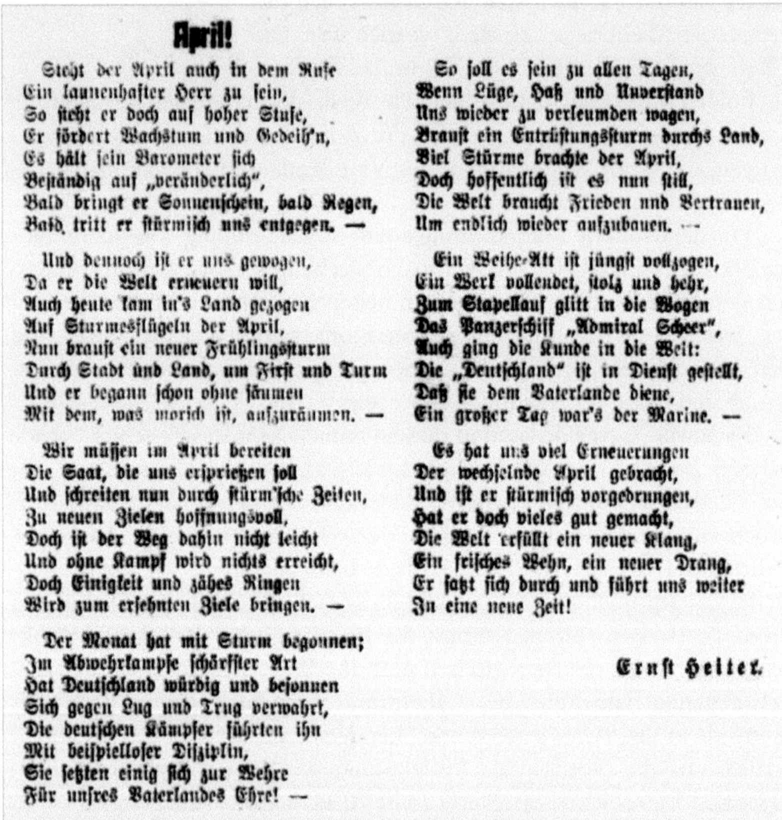

April!

Steht der April auch in dem Rufe
Ein launenhafter Herr zu sein,
So steht er doch auf hoher Stufe,
Er fördert Wachstum und Gedeih'n,
Es hält sein Barometer sich
Beständig auf „veränderlich",
Bald bringt er Sonnenschein, bald Regen,
Bald tritt er stürmisch uns entgegen. —

Und dennoch ist er uns gewogen,
Da er die Welt erneuern will,
Auch heute kam in's Land gezogen
Auf Sturmesflügeln der April,
Nun braust ein neuer Frühlingssturm
Durch Stadt und Land, um First und Turm
Und er begann schon ohne säumen
Mit dem, was morsch ist, aufzuräumen. —

Wir müssen im April bereiten
Die Saat, die uns ersprießen soll
Und schreiten nun durch stürm'sche Zeiten,
Zu neuen Zielen hoffnungsvoll,
Doch ist der Weg dahin nicht leicht
Und ohne Kampf wird nichts erreicht,
Doch Einigkeit und zähes Ringen
Wird zum ersehnten Ziele bringen. —

Der Monat hat mit Sturm begonnen;
Im Abwehrkampfe schärfster Art
Hat Deutschland würdig und besonnen
Sich gegen Lug und Trug verwahrt,
Die deutschen Kämpfer führten ihn
Mit beispielloser Disziplin,
Sie setzten einig sich zur Wehre
Für unsres Vaterlandes Ehre! —

So soll es sein zu allen Tagen,
Wenn Lüge, Haß und Unverstand
Uns wieder zu verleumden wagen,
Braust ein Entrüstungssturm durchs Land,
Viel Stürme brachte der April,
Doch hoffentlich ist es nun still,
Die Welt braucht Frieden und Vertrauen,
Um endlich wieder aufzubauen. —

Ein Weihe-Akt ist jüngst vollzogen,
Ein Werk vollendet, stolz und hehr,
Zum Stapellauf glitt in die Wogen
Das Panzerschiff „Admiral Scheer",
Auch ging die Kunde in die Welt:
Die „Deutschland" ist in Dienst gestellt,
Daß sie dem Vaterlande diene,
Ein großer Tag war's der Marine. —

Es hat uns viel Erneuerungen
Der wechselnde April gebracht,
Und ist er stürmisch vorgedrungen,
Hat er doch vieles gut gemacht,
Die Welt erfüllt ein neuer Klang,
Ein frisches Wehn, ein neuer Drang,
Er faßt sich durch und führt uns weiter
In eine neue Zeit!

Ernst Heiter.

Abbildung 6: Gedicht »April!« von Ernst Heiter.

In einer eher ironisch auf die Siegermächte des Ersten Weltkriegs zielenden »Glosse für Zeitgenossen« nutzte zudem auch der Aachener Karnevalist Jaques Königstein das Bild von der ersten Jahreszeit, indem er hoffte, »daß es Frühling werde«, da Deutschland »jetzt Panzerschiffe in den Dienst gestellt« habe.[47]

Das Narrativ vom erträumten Aufbruch zur See (das Thema griff Radziwill im selben Jahr mit dem *Auslaufendem U-Boot* erneut auf) hatte für die Marineführer eine existenzielle Relevanz, weil der Versailler Vertrag[48] die Marine zu weitgehenden Rüstungsbeschränkungen bzw. zu militärischer Kraftlosigkeit verdammt hatte. Vom kommenden nationalen Frühling wurde erwartet, dass an die 1918 abgebrochene imperiale Tradition des zweiten Kaiserreichs angeknüpft werde, dass die deutsche Militärmacht wiederauferstehe und dass sich der Traum von der (notfalls kriegerischen) territorialen Neuordnung Mittel- und Osteuropas erfülle.[49] Hitlers Wahlsieg sollte die Seemacht endlich von ihren Fesseln befreien und ihr militärisches Potenzial freisetzen.

Mit seinem Gemälde verweist auch Radziwill auf die internationalen Vorschriften zur Rüstungsbeschränkung. Die ›Deutschland‹ war zwar das größte Kriegsschiff des Deutschen Reiches, im Vergleich mit den Rüstungsprojekten der anderen Mächte war es jedoch klein. Doch das Schiff war gleichzeitig der erste Versuch, die alliierten maritimen Rüstungsbeschränkungen indirekt zu umgehen: So erfüllten die relativ geringen Ausmaße des Panzerschiffs zwar formal die Bestimmungen des Versailler Vertrags, unter dem Panzerstahl verbarg sich jedoch der Welt modernstes Kriegsschiff. Es hatte eine überlegene Bewaffnung, die geringe Größe führte zu einer großen Wendigkeit, zudem sollte die ›Deutschland‹ durch ihre kräftige Motorisierung den größeren Kriegsschiffen konkurrierender Nationen in puncto Geschwindigkeit deutlich überlegen sein.[50] »Dieses erste große Diesel-Kriegsschiff der Welt, mit dem ozeanischen Aktionsradius seiner 17000-Seemeilen-Fahrstrecke, war ungeachtet der strengen Bestimmungen des Versailler Vertrages durch Anwendung neuartiger Schiffbautechniken und Baukonzeptionen ein Wunder an Universalität und Kampfkraft auf engstem Raum.«[51]

Panzerschiff als Werkzeug des militärischen Wiederaufstiegs

Indem er die militaristischen Vorstellungen des Schiffskommandos aufgriff, lässt sich Radziwills *Inselbrücke* als Beitrag zur moralischen Aufrüstung interpretieren: Es ist ein Gemälde, das der Förderung des »Wehr-

[47] Königstein 1933.

[48] Vgl. Friedensvertrag von Versailles, 28. Juni 1919.

[49] Hachtmann 2004, 15.

[50] Koop/Schmolke 2014, 7ff.; 44ff.; Scholl 1991, 36.

[51] Bracke 2008, 118.

gedankens«[52] diente, indem es die nationalsozialistischen Aufbruchserwartungen der mit dem Maler befreundeten Marinekommandanten bediente. Damit traf das Bild auch die militaristischen Grundeinstellungen des Gemäldekäufers, des seinerzeitigen Schiffskommandanten Hermann von Fischel. (Und hier schließt sich der Freundeskreis, denn jener Fischel war während des Angriffs auf Almeria verantwortlicher oberster Kommandeur der deutschen Seestreitkräfte.[53]) Auch die *Inselbrücke* folgte damit Radziwills Erfolgsrezept, Marineoffiziere höheren Rangs mit Idealisierungen und Glorifizierungen des Seekriegs zu erfreuen.

Wann kommt der Aufbruch?

Franz Radziwills Gemälde *Inselbrücke in Wilhelmshaven* zeigt somit folgende Situation: Kommandant von Fischel und sein stolzes Schiff warten irgendwo hinten im Kriegshafen auf ein baldiges Zeichen zum Aufbruch.

52 Soine 1992b, 15.
53 Dyke 2011, 149.

Das Panzerschiff in der NS-Presse nach Hitlers Machtantritt

Da die ›Deutschland‹ und der Zeitungsleser die beiden zentralen Bezugspunkte des Gemäldes und mutmaßlich aufeinander bezogen sind, soll untersucht werden, was die damalige nationalsozialistische Presse zur Entstehungszeit des Gemäldes über das Panzerschiff veröffentlichte. Was konnte der Zeitungsleser des Gemäldes *Inselbrücke in Wilhelmshaven* in der Presse über das modernste deutsche Kriegsschiff lesen? Wie relevant bzw. präsent war das Kriegsschiff in den Zeitungen? Und inwiefern spiegeln die Zeitungstexte den Stolz, den das Offizierskorps angesichts der Kampfkraft des Schiffes empfanden? Heroisierten die Zeitungen die ›Deutschland‹? Die Beantwortung dieser Fragen soll erklären helfen, vor welchem realen politisch-medialen Hintergrund Radziwill seinen Zeitungsleser malte.

Deutschlands kampfkräftigstes Kriegsschiff lief zwar bereits im Mai 1931 vom Stapel,[54] erst das Jahr 1933 brachte jedoch eine Reihe von Aktivitäten, die als berichtenswert in Frage kamen. Dies waren zum einen diverse Fahrten, die die ›Deutschland‹ unternahm, es waren jedoch auch Besuche von Repräsentanten der Staats- und Marineführung. (Abbildung 6, nächste Seite).

Die Ausfahrten konzentrierten sich auf die erste Jahreshälfte. Die in Kiel gebaute ›Deutschland‹ unternahm zunächst im Januar und Februar zwei Probefahrten, nach deren erfolgreichen Abschluss das Schiff an seinen zukünftigen Standort überführt wurde, den Kriegshafen von Wilhelmshaven. In der zweiten Maihälfte folgte die Jungfernfahrt nach Skagen, die schließlich wieder nach Kiel führte, wo sich das Panzerschiff an einer Flottenparade beteiligte. In der zweiten Jahreshälfte unternahm das Schiff im September eine längere Ostseereise, bei der es an einer Marineübung teilnahm und die Häfen im ostpreußischen Pillau und im pommerschen Swinemünde besuchte, wo die Bevölkerung erstmals zu Schiffsbesichtigungen eingeladen war. Weitere Ausfahrten sind nicht dokumentiert.

[54] Anonymus 1931.

Januar	19.	1. Probefahrt
Februar	8.	2. Probefahrt
	17.	Reichswehrminister von Blomberg und Flottenchef Raeder zu Besuch
	27./28.	Überführung in den Kriegshafen Wilhelmshaven
März		
April	1.	Offizielle In-Dienst-Stellung
Mai	21.	Jungfernfahrt nach Skagen
	23.	Flottenparade mit Hitlerbesuch in Kiel, anschließend Testfahrt ins Nordmeer
Juni	6.	Geschwindigkeitstest und Gefechtsübungen auf der Ostsee
Juli		
August	18.	Schiffsmodell auf Berliner Funkausstellung
September	10.	Ostseefahrt zwecks Marineübung (bis 21.9.), öffentliche Besichtigungen

Abbildung 7: Geschichte des Panzerschiffs ›Deutschland‹ 1933 (Zeitleiste)[55]

Als führende Vertreter der NS-Herrschaft kamen im Februar Flottenchef Admiral Erich Raeder und Reichswehrminister Werner von Blomberg

[55] Eigene Zusammenstellung nach Anonymus 1933h; 1933i; 1933j; 1933k; 1933m; 1933n; 1933o; 1933p; 1933; Bracke 2008, 121f.; Prager 1995, 43; 47; 53f.; 61ff.

auf das Werftgelände, im September nutzte Reichskanzler Adolf Hitler den Besuch des Schiffs in Kiel, um an Bord zu gehen.

Zu den zentralen berichtenswerten Ereignissen der Schiffsbiografie gehörten neben der Jungfernfahrt auch die am 1. April 1933 erfolgte offizielle In-Dienst-Stellung. Zudem wurde ein Modell des Schiffs im August öffentlichkeitswirksam auf der Berliner Funkausstellung präsentiert.

Diese schiffsbiografischen Daten dürften eine ausreichende Basis für die regelmäßige Presseberichterstattung geboten haben. Ab Oktober verlief das Leben der ›Deutschland‹ ereignislos, das Schiff lag still am Kai.

Darüber, in welchem Ausmaß die Zeitungen über das Panzerschiff berichteten, kann eine digitale historische Medieninhaltsanalyse Auskunft geben. Mit dieser Methode lässt sich quantitativ erfassen, wie häufig der Suchbegriff Panzerschiff ›Deutschland‹ in der Presse erschien und in welchem Zusammenhang dies geschah. Zudem lässt sich qualitativ der Tenor der Berichterstattung bestimmen.[56]

Digitale historische Medieninhaltsanalyse

Für die Analyse wurde ein digitalisierter Pressekorpus untersucht, der aus jenen nordrheinischen und westfälischen Gebieten Preußens gespeist wurde, die heute das Bundesland Nordrhein-Westfalen bilden (Zeitungsportal NRW). In diesem Bundesland ist die Pressedigitalisierung am flächendeckendsten vorangeschritten, so dass die Bestände als stellvertretend für alle deutschen Tageszeitungen genommen werden können. Hierbei ist in Rechnung zu stellen, dass die Presse bereits kurz nach der Machtübernahme reichsweit weitgehend inhaltlich gleichgeschaltet wurde und vom Reichspropagandaministerium unter Joseph Goebbels Anweisungen bekam, was und wie berichtet werden musste,[57] so dass sich die Berichterstattung in den unterschiedlichen deutschen Landen nicht wesentlich unterschieden haben dürfte. Der Datenkorpus umfasst die gesamte damals noch mögliche Breite der binnenländischen Presse, angefangen von nationalsozialistischen Parteiblättchen bis hin zur traditionell eher NS-kritischen katholischen Presse. Dem Datensatz fehlen jedoch die kommunistischen und sozialdemokratischen Zeitungen, die bereits unmittelbar nach Hitlers Machtantritt verboten bzw. zugunsten der NSDAP enteignet worden waren.

Presse ohne kontinuierliche Berichterstattung

Ausgewertet wurde die Zeit ab der Ernennung Adolf Hitlers zum Reichskanzler am 31. Januar 1933 bis Ende Januar 1934 (365 Tage), grob

[56] Matysiak 2023.

[57] Wilke 2007, 115ff.

bemessen das Jahr vor der Entstehung der *Inselbrücke in Wilhelmshaven*. Der in Nordrhein-Westfalen bereits digitalisierte Zeitungskorpus besteht in diesem Zeitraum aus durchschnittlich pro Monat 124 zu untersuchenden Zeitungen, die auf einen geschätzten Umfang von insgesamt rund 550.000 Seiten kommen, die bei einer analogen historischen Zeitungsinhaltsanalyse Zeile für Zeile hätten gelesen werden müssen. Im Zuge der digitalen Untersuchung wurden die Zeitungen zunächst automatisch auf den Begriff ›Panzerschiff/Panzerschiffe‹ gescannt und sodann alle Texte verworfen, die nicht explizit vom Panzerschiff ›Deutschland‹ (oder von Synonymen wie Panzerschiff ›A‹ bzw. das erste Panzerschiff der ›Deutschland‹-Klasse) handelten.

Dabei wurde geschaut, ob sich die Berichterstattung über die Zeitleiste hinweg wandelte, d.h. es wurde diachron verglichen, inwieweit sich die Vermittlungsleistungen der Presse veränderten.[58] Zeitungen können dabei als Seismograf anzeigen, inwieweit sich aus den veröffentlichten Sachverhalten gesellschaftliche bzw. politische Wandlungsprozesse ableiten lassen.[59] Diese Wandlungsprozesse lassen sich gut historisch verfolgen: Da die Medieninhalte während des Nationalsozialismus staatlich kontrolliert und gesteuert wurden, lassen Veränderungen in der Berichterstattung über das Panzerschiff Rückschlüsse auf die Verhältnisse in der staatlichen Informationspolitik zu.

Im ersten Untersuchungsschritt wurde analysiert, wie häufig das Panzerschiff ›Deutschland‹ in der Presse vorkam. Waren diese Texte selten? Verteilte sich die Berichterstattung gleichmäßig auf den Untersuchungszeitraum oder gab es einzelne Monate, in denen die Zeitungen mehr Texte über das Schiff veröffentlichten als in anderen Monaten?

In den durchschnittlich etwa 90 Zeitungen, die in dem Jahr von Februar 1933 bis Januar 1934 auf dem Gebiet des heutigen Landes Nordrhein-Westfalen in jedem Monat erschienen, fanden sich insgesamt 513 Texte, die das Panzerschiff in irgendeiner Form erwähnten (Abb. 7).

Die Grafik zeigt eine auf dem Zeitstrahl abnehmende mediale Präsenz des Panzerschiffs ›Deutschland‹, wobei zwei klar voneinander abgrenzbare, unterschiedliche Phasen erkennbar sind. Die erste Phase, die die Monate Februar bis April 1933 umfasst, ist durch eine große Menge erschienener Texte gekennzeichnet. Die 387 Beiträge entsprechen drei Vierteln des Jahresgesamtwertes und einem Monatsdurchschnitt von 129.

58 Imhof 2008, 18.
59 Imhof 2008, 17.

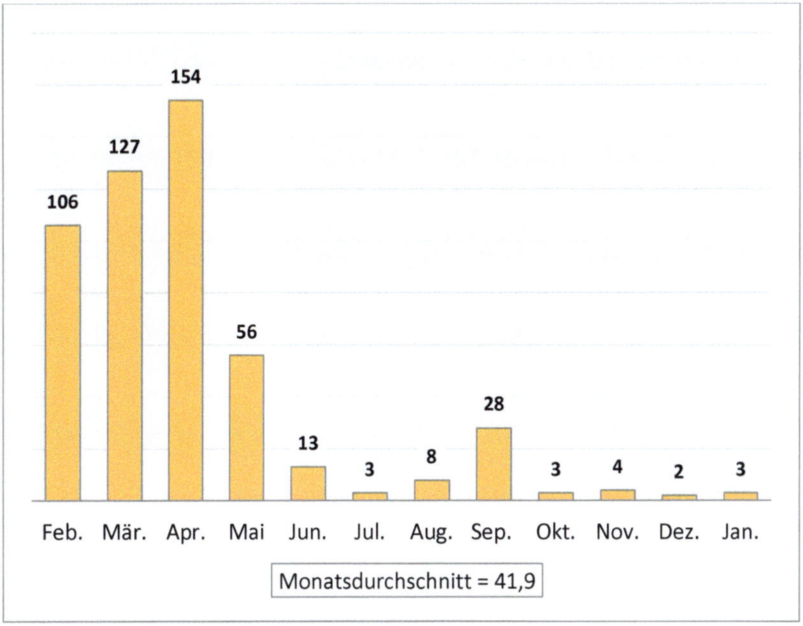

Abbildung 8: Zahl der Zeitungstexte mit dem Schlüsselbegriff »Panzerschiff ›Deutschland‹« (Februar 1933 bis Januar 1934, Zeitungen aus den nordrheinischen Gebieten Preußens und der preußischen Provinz Westfalen; N = 513).

Basis: alle Zeitungstexte (Berichte, Kurzmeldungen, Bildtexte, Anzeigen oder Rundfunktipps).

In diesem Vierteljahr, das auf die Ernennung Hitlers zum Reichskanzler folgte, stieg die Zahl der Panzerschiff-Texte zunächst um rund 50 Prozent von 106 auf 154.

Presse ohne kontinuierliche Berichterstat-

Dagegen ist der zweite von Juni 1933 bis Januar 1934 reichende Zeitabschnitt durch eine deutlich unterdurchschnittliche Zahl von Beiträgen bestimmt. In diesen acht Monaten reduzierte sich die Berichterstattung deutlich auf einen Monatsdurchschnitt von zehn Texten, was weniger als einem Zehntel des Ergebnisses der ersten Phase entspricht. Der Mai kann als Übergangszeit betrachtet werden.

Das Ergebnis zeigt zunächst einmal, dass es im Mai des Jahres 1933 einen Wandel bei der Berichterstattung über das Panzerschiff ›Deutschland‹ gab, der sich negativ auf die Häufigkeit der Thematisierung auswirkte. Insbesondere im Vorfeld jener Wintermonate, in denen Radziwill die ›Deutschland‹ und den Zeitungsleser in Öl bannte, fand sich das Panzerschiff nur selten in der Presse.

In einem zweiten Untersuchungsschritt ging es um die Frage, ob sich die deutschen Zeitungen im Jahr 1933 in unterschiedlich großem Ausmaß mit der ›Deutschland‹ befassten. Berichteten alle Zeitungen nur sporadisch über das Panzerschiff oder gab es einzelne Zeitungen, die die Marine als Schwerpunkt der Berichterstattung ansahen und in denen Zeitungsleser umfangreichere Informationen über das Panzerschiff finden konnten? Haben sich einzelne Zeitungen mit Seekriegsthemen besonders profiliert? Oder, bezogen auf die *Inselbrücke in Wilhelmshaven*: Wie groß war die Wahrscheinlichkeit, dass der Zeitungsleser aus Radziwills Gemälde Ende 1933 am Kiosk auf ein Blatt stieß, aus dem er sich über das kampfkräftigste deutsche Kriegsschiff informieren konnte?

Auch hier ist die Antwort eindeutig: Die weitaus meisten Zeitungen, rund zwei Drittel, druckten in der Zeit zwischen Hitlers Machtantritt und der Fertigstellung des Gemäldes kein einziges Wort über das Panzerschiff (Abbildung 8).

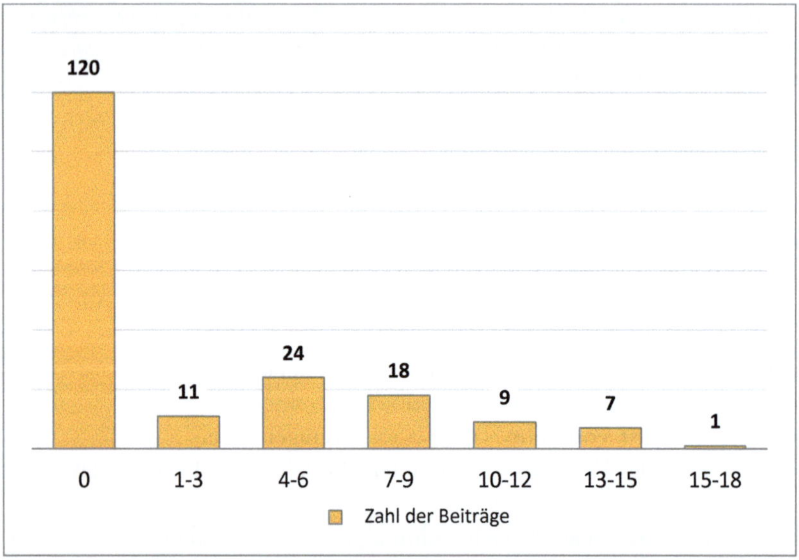

Abbildung 9: Häufigkeit der Texte über das Panzerschiff ›Deutschland‹ (Februar 1933 bis Januar 1934; nordrheinische Gebiete Preußens und preußische Provinz Westfalen, N = 190).

Für 120 der 190 Redaktionen war die ›Deutschland‹ in den Monaten zwischen Februar 1933 und Januar 1934 völlig irrelevant. Auf der anderen Seite schrieben rechnerisch nicht einmal fünf Prozent der Zeitungen mehr als einmal im Monat über das Schiff. Die größte Aufmerksamkeit fand das maritime Thema bei der *Rhein- und Ruhrzeitung* aus Duisburg, die als »Offizielles Blatt der Westdeutschen Binnenschiffahrts-Berufsgenossenschaft«[60] einen Schwerpunkt auf Schifffahrtsmeldungen legte.[61]

Schiff für die meisten Zeitungen völlig irrelevant

Diese Grafik belegt, dass Zeitungsleser, die regelmäßig etwas über das Panzerschiff ›Deutschland‹ erfahren wollten, nur wenig geeignete Zeitungen fanden oder sich anderen Lesestoff als die Tagespresse besorgen mussten.

Während sich dieses Ergebnis auf den Durchschnitt des gesamten Untersuchungszeitraums von Februar 1933 bis Januar 1934 bezieht, wurde anschließend untersucht, inwiefern einzelne Monate herausstachen, in denen sich besonders viele Redaktionen für das Kriegsschiff interessierten. Oder gab es Zeitphasen, in denen das Thema besonders gemieden wurde? Diese Untersuchung bestätigt den Befund aus Abbildung 7, dass das Interesse der Redaktionen an Deutschlands größtem Kriegsschiff nach einem primären Anstieg deutlich abnahm. (Abbildung 9, nächste Seite).

Während die Presse in den ersten vier Monaten des Untersuchungszeitraums zu einem sehr großen Teil über die ›Deutschland‹ berichtete, widmeten sich in den Folgemonaten von Juni 1933 bis Januar 1934 nur wenige Zeitungen dem Thema. Lediglich im September 1933 stieg der Anteil dieser Zeitungen mit 20 Prozent knapp über den Jahresschnitt von 18,8 Prozent, wohingegen in den meisten Monaten nicht einmal jede zwanzigste Redaktion das Panzerschiff erwähnte. Und selbst in der Kernphase der Marineberichterstattung schrieb weniger als jedes zweite Blatt über das Schiff.

Nur anfangs Texte über das Panzerschiff

Die abnehmende mediale Präsenz des Panzerschiffs ›Deutschland‹ bestätigt zunächst einmal, dass es im Frühjahr das Jahres 1933 einen Wandel bei der Berichterstattung über das Panzerschiff ›Deutschland‹ gab, der sich negativ auf die Thematisierung auswirkte.

---

60 Siehe Zeitungskopf der *Rhein- und Ruhrzeitung*, Duisburg, etwa 12.09.33.

61 Pilger 2018.

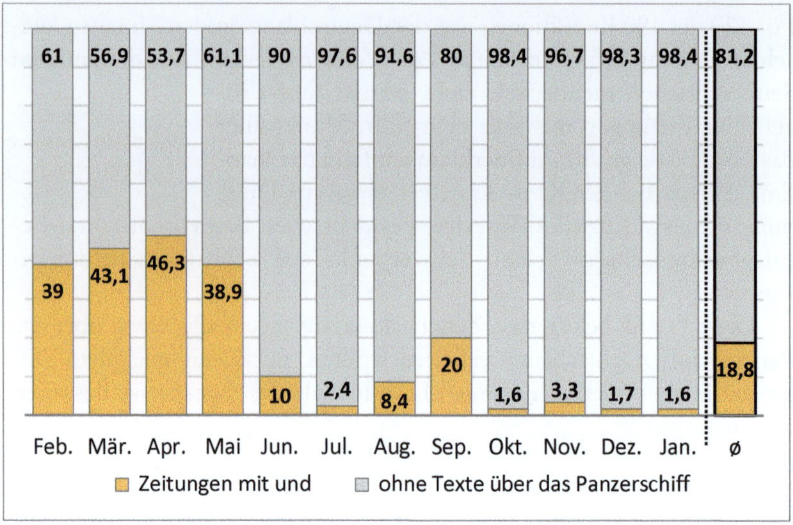

Abbildung 10: Anteil der Zeitungen mit und ohne Berichterstattung über das Panzerschiff ›Deutschland‹ (nach Monaten in Prozent; August 1933 bis Januar 1934, Zeitungen aus den nordrheinischen Gebieten Preußens und der preußischen Provinz Westfalen).

Später ignorierte selbst die Marine-affine Presse das Schiff

Die Daten zeigen aber auch, dass selbst Redaktionen, die in den ersten Monaten des Jahres 1933 noch ihr grundsätzliches Interesse am Panzerschiff ›Deutschland‹ bewiesen hatten, ab dem Juni kaum noch darüber berichteten, obwohl die schiffsbiografischen Daten (Abbildung 7, Seite 26) belegen, dass es weiterhin berichtenswerte Ereignisse gab.

Aus diesen Zahlen ergibt sich, dass es insbesondere in dem halben Jahr vor der Vollendung von Radziwills Gemälde eher unwahrscheinlich war, dass ein Zeitungsleser am Kiosk auf eine Zeitung stieß, die irgendetwas über das Panzerschiff schrieb.

In einem dritten Analyseschritt wurde schließlich auf historisch-statistischen Weg ermittelt, in welcher Zeit das Panzerschiff ein zentrales Topthema der Berichterstattung war. In welchen Monaten erfüllte die ›Deutschland‹ das redaktionelle Kriterium einer gesteigerten Relevanz besonders gut? Das Relevanzkriterium wurde inhaltsanalytisch operationalisiert, indem untersucht wurde, wie häufig die Redaktionen die Bedeutung des Kriegsschiffes unterstrichen, indem sie das Thema auf die Titelseite hoben. Hinter dieser Analyse verbirgt sich die kommunikationswissenschaftliche These, dass sich ein überdurchschnittlicher Nachrichtenwert eines Themas an dessen prominenter Platzierung erkennen lässt.[62]

Auch diese Analyse zeigt, dass die ›Deutschland‹ lediglich in den ersten Untersuchungsmonaten von Februar bis Mai 1933 prominent auf der Seite 1 präsentiert wurde (Abbildung 11).

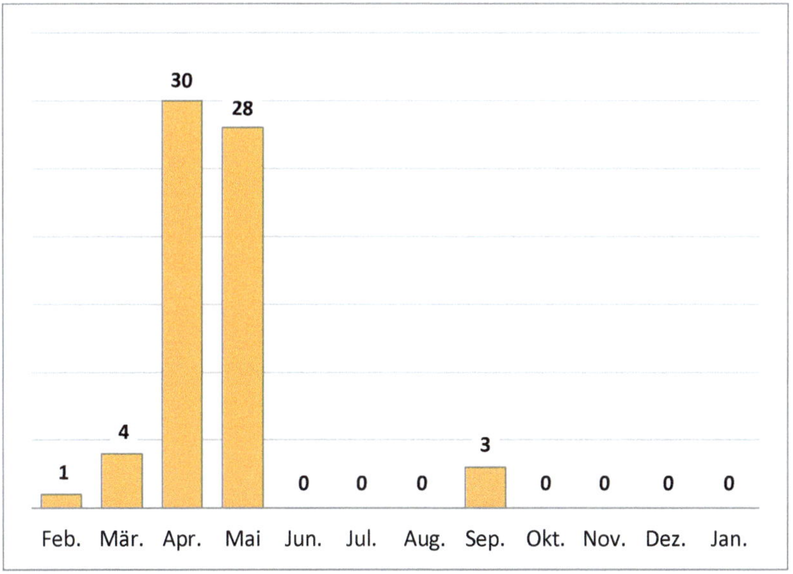

Abbildung 11: Monate gesteigerter Relevanz des Panzerschiffs ›Deutschland‹ (Erscheinen auf der Titelseite).

Am häufigsten fand sich die ›Deutschland‹ im April und Mai 1933 auf den Titelseiten, während das Schiff ab dem Juni so gut wie nicht mehr prominent präsentiert wurde. Insbesondere in jenen Monaten, die Radziwills künstlerischer Befassung mit dem Panzerschiff und dem Zeitungsleser vorangingen, war das Thema derart irrelevant, dass es nicht auf den ersten Seiten der Presse auftauchte. Das Schiff verschwand somit in der zweiten Hälfte des Jahres 1933 völlig aus den Schlagzeilen.

---

62 Kepplinger/Rouwen 2000, 462.

Insgesamt betrachtet zeigt die statistische Inhaltsanalyse der zeitgenössischen Presse, dass das Panzerschiff vor allem in jenen Monaten kaum presseöffentlich präsent war, die Radziwills Schaffensprozess vorangegangen waren. Das Schiff wurde zwar nicht völlig totgeschwiegen, es verlor jedoch in den Zeitungen fast vollständig seine frühere Relevanz.

Das Schiff verlor ab Juni weitgehend seine Relevanz

Um eine systematische Verzerrung der historischen statistischen Medieninhaltsanalyse auszuschließen, wurde zusätzlich eine kontrastierende Untersuchung vorgenommen. Ein solcher Bias, der das Ergebnis verzerrte, läge vor, wenn das Panzerschiff ›Deutschland‹ zwar nicht in der hier zunächst untersuchten binnenländischen Presse, wohl aber in den Zeitungen deutscher Hafenstädte und speziell in Wilhelmshaven umfassender thematisiert worden wäre. Es wäre möglich, dass sich die seeseitige lokale Berichterstattung von der binnenländischer Zeitungen unterschied.

Um diese Ergebnisverzerrung auszuschließen, könnte beispielsweise nachgeschaut werden, ob Franz Radziwill als Bewohner einer Hafenstadt und insbesondere des Marinestandorts Wilhelmshaven in seinen heimischen Lokalzeitungen einen anderen Informationsstand übermittelt bekam als ein Bewohner aus dem Landesinneren in seiner Heimatpresse. Die Kontrollfrage lautet, ob die Küstenzeitungen anders als die bisher analysierte binnenländische Presse von Rhein und Ruhr berichteten? Dies hätte Auswirkungen auf die Bildinterpretation.

Der Stand der Digitalisierung deutscher Zeitungen erlaubt leider noch keine umfassende automatisierte Inhaltsanalyse von Zeitungen, die in Küstenstädten erschienen. Dies gilt zunächst speziell für die Presse des Reichskriegshafens Wilhelmshaven. Radziwill konnte zur Entstehungszeit der *Inselbrücke* am Kiosk zwischen dem parteiamtlichen nationalsozialistischen *Wilhelmshavener Kurier*[63] und der *Wilhelmshavener Zeitung*[64] wählen. Diese beiden Titel liegen jedoch noch nicht digitalisiert vor. Um die Berichterstattung auf Basis der auf Papier gedruckten Zeitungen analog zu analysieren, müssten jeweils 155 Nummern von Hand untersucht werden, wobei der werktäglich 12-seitige *Wilhelmshavener Kurier* und die 16-seitige *Wilhelmshavener Zeitung* im Untersuchungszeitraum zusammen insgesamt 4.340 Seiten

63 Deutsche Nationalbibliothek, Zeitschriftendatenbank o.J.

64 Stadtarchiv Wilhelmshaven 2009.

druckten.[65] Dieser Textkorpus kann analog nur mit erhöhtem Aufwand Zeile für Zeile in Augenschein genommen werden.[66]

Auch die Presse aus Kiel, dem zweiten deutschen Reichskriegshafen, liegt für den Untersuchungszeitraum von Februar 1933 bis Januar 1934 noch nicht digitalisiert vor. Dies gilt auch für alle anderen in deutschen Hafenstädten erschienene Zeitungen.

Die einzige Ausnahme einer digitalisierten Zeitung, die in einer Seestadt erschien, ist die *Bremer Zeitung*, das bis Oktober 1933 unter dem Namen *BNZ. Bremer Nationalsozialistische Zeitung* verkaufte hansestädtische NS-Parteiblatt. Die *Bremer Zeitung* ist aus vier Gründen dazu geeignet, die Ergebnisse der Analyse der binnenländischen Presse zu bestätigen oder zu ergänzen: Zum einen brachte die Zeitung Schifffahrtsnachrichten, war also marin orientiert, was für eine erweiterte Berichterstattung über das Panzerschiff sprechen könnte. Zweitens gab es in der Zeitung eine NS-interne Rubrik »Aus der Bewegung«[67], die die Grundzüge der nationalsozialistischen Militär- und Außenpolitik erläuterte, was ebenfalls einen Anlass für Text über die ›Deutschland‹ hätte bieten können. Drittens lag Wilhelmshaven mit einer Entfernung von weniger als 100 Kilometern noch im Regionalbereich der *Bremer Zeitung*, was das Panzerschiff für die Regionalberichterstattung prädestiniert. Und – vor allem – viertens druckte die Zeitung regelmäßig die Extraseite »Wehr und Waffen« (Abbildung 11), die der psychologischen Aufrüstung diente und etwa die Wehrbereitschaft steigernde Artikel wie »Das Gesicht des kommenden Krieges« veröffentlichte.[68]

Die digitale Inhaltsanalyse der NS-Zeitung muss jedoch überraschen: Auch die *BNZ. Bremer Nationalsozialistische Zeitung* bzw. das Nachfolgeblatt *Bremer Zeitung* erwähnte das Panzerschiff ›Deutschland‹ zwischen Juni 1933 und Januar 1934 nicht ein einziges Mal (Abb. 12, nächste Seite).

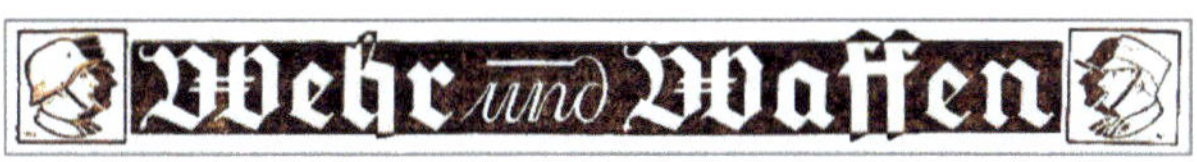

Abbildung 12: Vignette der Spezialseite ›Wehr und Waffen‹ der BNZ/Bremer Zeitung.

[65] Eigene Berechnungen nach Deutsches Institut für Zeitungskunde 1934, 122.

[66] Ergänzend könnten Aussagen, wie die Wilhelmshavener Presse über das Panzerschiff ›Deutschland‹ schrieb, vielleicht auch Radziwills Tagebüchern, Briefen und anderen Autographen entnommen werden, auf die aber ebenfalls noch nicht digital zugegriffen werden kann.

[67] Siehe etwa Anonymus 1933c.

[68] Siehe etwa Gebert 1933.

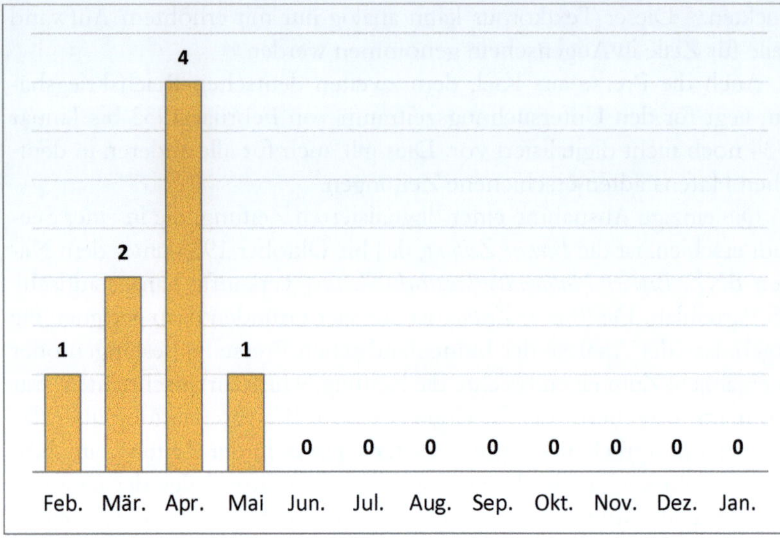

Abbildung 13: Verwendung des Begriffs ›Panzerschiff‹ in der Bremer NSDAP-Presse (Januar 1933 bis Januar 1934).

BNZ. Bremer Nationalsozialistische Zeitung bzw. ab 1.11.1934 *Bremer Zeitung.*

Wie die anderen untersuchten Zeitungen informierte auch die NS-Presse der Seestadt Bremen in den ersten Monaten nach der Ernennung Hitlers zum Reichskanzler nicht über Deutschlands größtes Kriegsschiff.

Selbst die militaristische NS-Presse von der Küste ignorierte das Schiff

Ab dem Juni 1933 druckte jedoch auch das Parteiorgan *BNZ/Bremer Zeitung* keine Texte mehr über die ›Deutschland‹. Für die Deutung der Funktion des von Radziwill ins Bild gesetzten Zeitungslesers bestätigt sich damit, dass dieser in der zweiten Hälfte des Jahres 1933 wahrscheinlich in keiner einzigen Zeitung etwas über die große Kampfkraft des Panzerschiffs erfuhr.

Die NS-Pressepolitik im ersten Jahr von Hitlers Reichskanzlerschaft

Dass über Deutschlands mächtigstes Kriegsschiff seit dem Juni 1933 in der Presse kaum oder gar nicht berichtet wurde, dürfte diejenigen nationalistisch-militaristisch geprägten Bevölkerungskreise irritiert haben, die sich Hoffnungen gemacht hatten, Hitlers Wahlsieg würde die im Versailler Vertrag diktierten Rüstungsbeschränkungen beseitigen und der deutschen Reichsmarine jene große Bedeutung zurückbringen, die sie noch unter Kaiser Wilhelm II.[69] besessen hatte. Und besonders groß dürfte die Enttäuschung über die fehlende Presseberichterstattung in der Marine selbst gewesen sein, wo vor Hitlers Machtantritt besonders intensiv von der großen Zukunft der Reichsflotte geträumt worden war.

Die Marinerüstung war beschränkt

Hinter dem medialen Verschweigen des Panzerschiffs ›Deutschland‹ stand keine Abwendung von der vor der Wahl versprochenen militaristischen Außenpolitik, sondern ein kurzzeitig betriebenes taktisches Vorgehen, das den politischen Notwendigkeiten geschuldet war, vor die sich die NS-Führung kurz nach Machtantritt 1933 gestellt sah. Als Hitler die Macht ergriff, waren ihm bezüglich der im Wahlprogramm angekündigten Wiedererlangung deutscher Größe und des Wiederaufbaus einer großen deutschen Militärmacht die Hände gebunden. Denn der 1919 geschlossene Versailler Vertrag[70] hatte nicht nur umfangreiche Gebietsabtretungen festgeschrieben, sondern dem Deutschen Reich auch weitgehende Rüstungsbeschränkungen verordnet. Im Bereich der Kriegsmarine war unter anderem die Zahl und Größe der großen Schlacht- und der sonstigen kleineren Kriegsschiffe begrenzt,[71] was vor allem große Schiffe vom Typ der ›Deutschland‹ betraf.

Die rüstungsbeschränkenden Vorgaben, die die Siegermächte in den Versailler Friedensvertrag geschrieben hatten, hatte die Marine besonders stark begrenzt und sie zu Kraftlosigkeit vergattert. Weil die Flotte in Folge

[69] Röhl 2013, 52ff.

[70] Friedensvertrag von Versailles, 28. Juni 1919.

[71] Friedensvertrag von Versailles, 28. Juni 1919, § 181 – 197 (Bestimmungen über die Seemacht).

des Abkommens an besonders dicken Ketten hing, konnte die Admiralität von der (Wieder-) Erlangung seekriegerischer Kraft zunächst lediglich träumen. Deshalb sahen sich »the minds of Germany's naval planners and architects« besonders angeregt, beim Bau des Schiffes die militärischen Bestimmungen zur Rüstungsbeschränkung zu umgehen.[72]

Da mit ihm die Rüstungsbeschränkungen faktisch umgangen worden waren, war das 1928 in Auftrag gegebene und 1931 auf Kiel gelegte Panzerschiff von Anfang an als großes Geheimnis behandelt worden. Trotz der Geheimhaltung hatten im Ausland kursierende Gerüchte über die technischen Daten zu Besorgnis geführt. Die internationale Presse berichtete von einem »deutschen Wunderschiff«,[73] das über eine überlegene Bewaffnung, eine beeindruckende Höchstgeschwindigkeit, eine neuartige Vernebelungsanlage zum Schutz vor feindlichem Beschuss, einen besonderen Torpedoschutz sowie eine unkomplizierte, schnell wirkende Steuerung verfügte und das außerdem ohne nachzutanken um den halben Erdball fahren konnte und bei dem wegen der leichten, Nieten-losen Bauweise viel Gewicht für eine ungewohnt kräftige Panzerung aufgewendet gesteckt werden konnte.

Beschränkungen der Marinerüstung wurde heimlich umgangen

Um möglichst viele Details geheim halten zu können, war die Kieler Werft, wo die ›Deutschland‹ gebaut wurde, ein von der Spionageabwehr sorgfältig überwachter Hochsicherungsbereich, der selbst vor ranghohen Marineoffizieren verborgen wurde.[74] Auch die Presse bewahrte das Schweigen.

Nachdem Hitler die Macht übernommen hatte, wurde die ›Deutschland‹ zunächst öffentlich gefeiert, diese Politik jedoch kurze Zeit später angesichts der außenpolitischen Lage wieder revidiert. Die neue NS-Führung erkannte, dass die offensive Behandlung der Aufrüstung eine Reaktion der Siegermächte des Ersten Weltkriegs provozieren könnte. Deshalb wurde als primäres Ziel kurzentschlossen die »Verhinderung militärischer Interventionen der europäischen Nachbarn gegen das nationalsozialistisch regierte Deutschland«[75] auf die außenpolitische Agenda gesetzt.

[72] Koop/Schmolke 2014, 10.
[73] Anonymus 1933r.
[74] Prager 1995, 27ff.
[75] Sywottek 1976, 49.

Dem neuen NS-Staat ging es nun darum, »im Verhältnis zu den Großmächten [...] um Ausgleich und Anerkennung«[76] zu sorgen. Die Regierung versuchte mit Hilfe internationaler Gespräche, die Rüstungsbeschränkungen abzumildern. Um diese Chancen zu vergrößern, hatte Hitler entschieden, Deutschland zunächst nach außen als friedliebendes Land zu präsentieren.[77]

Trotz aller öffentlichen Friedensrhetorik dachte die nationalsozialistische Führung jedoch nicht daran, auf eine offensive Rüstungspolitik zu verzichten. Sondern sie rüstete wie die vorherigen deutschen Regierungen heimlich und wollte ebenfalls lediglich verhindern, dass die Rüstungsprojekte publik wurden. »Die heimliche militärische Aufrüstung lief parallel zu den offiziellen Verhandlungen, die eigentlich die völkerrechtliche Voraussetzung dafür schaffen sollten.«[78] Die Siegermächte des Weltkriegs durften nicht verärgert und internationale Aufmerksamkeit musste vermieden werden.

Zur Geheimhaltung gehörte auch die Aufgabe, das Thema Aufrüstung aus der Presse fernzuhalten. Um die Zeitungen effektiv steuern zu können, hatte die NS-Regierung kurz nach ihrer Ernennung mit dem Aufbau einer staatlichen Medienkontrolle begonnen. So sollte die öffentliche Berichterstattung vollständig auf die Bedürfnisse und politischen Ziele der neuen Führung ausgerichtet werden. Zeitungen galten der nationalsozialistischen Führung neben dem Rundfunk als zentrales staatliches Instrument der Massenlenkung.[79]

Presse unter der Kontrolle der NS-Führung

Um die Gewalt über die öffentliche Meinung zu erringen, hatte die NSDAP bereits unmittelbar nach Machtantritt im März 1933 angefangen, missliebige Zeitungen zu enteignen und ein Zensurwesen einzurichten. Ein neu gegründetes Reichspropagandaministerium bestimmte die Inhalte. Die Presse sollte keine gesellschaftlichen Kontrollfunktionen mehr wahrnehmen, sondern als »Instrument der Propaganda, der Beeinflussung und Erziehung des deutschen Volkes im Sinne des Nationalsozialismus«[80] wirken: »Im nationalsozialistischen Staat ist die Zeitung berufen, ein Führungsmittel des Staates zu sein.«[81]

[76] Toepser-Ziegert 1985, 16*.
[77] Sywottek 1976, 49.
[78] Toepser-Ziegert 1985, 16*.
[79] Matysiak 2004, 19-34.
[80] Wilke/Noelle-Neumann 1994, 441.
[81] Dovifat 1934, 5*.

In ihrer ersten Phase hatte die nationalsozialistische Pressepolitik das Ziel der psychologischen Kriegsvorbereitung,[82] wozu die Förderung der Wehrbereitschaft und das Propagieren deutscher militärischer Größe gehörte. Praktisch bedeutete dies, dass sich vor allem die NS-Presse ausführlich mit Rüstungsthemen befasste, wie ein Aufmacher zeigt, der am 2. April 1933 im Bremer Parteiblatt *BNZ. Bremer Nationalsozialistische Zeitung* zu lesen war. Eine gute Woche nach dem Erlass des nationalsozialistischen Ermächtigungsgesetzes vom 24. März 1933 feierte das NS-Blatt in großer Aufmachung die In-Dienst-Stellung der ›Deutschland‹ und den Stapellauf des zweiten neuen deutschen Panzerschiffs, der ›Admiral Scheer‹ (Abbildung 14).

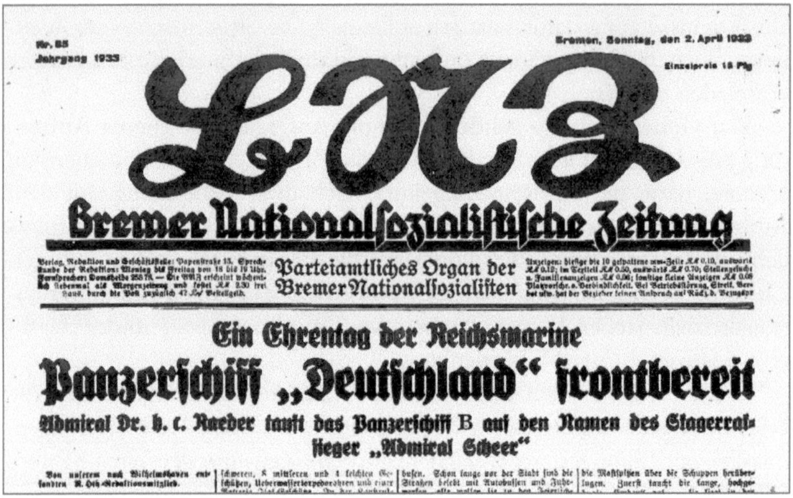
Nr. 85
Jahrgang 1933

Bremen, Sonntag, den 2. April 1933
Einzelpreis 15 Pfg

BNZ
Bremer Nationalsozialistische Zeitung

Parteiamtliches Organ der Bremer Nationalsozialisten

Ein Ehrentag der Reichsmarine
Panzerschiff „Deutschland" frontbereit
Admiral Dr. h. c. Raeder tauft das Panzerschiff B auf den Namen des Skagerraksieger „Admiral Scheer"

Abbildung 14: Titelkopf der BNZ. Bremer Nationalsozialistische Zeitung, *2.4.1933.*

Die Zeitung schickte zum »Ehrentag der Reichsmarine« eigens einen Sonderkorrespondenten nach Wilhelmshaven, der auf der Titel- sowie der ersten Innenseite umfassend von den Feierlichkeiten berichtete, aus den gehaltenen Festreden zitierte und die militärische Bedeutung der Kriegsschiffe erläuterte. Auf der Titelseite fand sich ein großes Foto. An den Feierlichkeiten hatte auch Franz Radziwill teilgenommen.[83]

Die Redaktion beendete die Thematisierung der ›Deutschland‹ vier Ta-

[82] Sywottek 1976, 49.
[83] Soine 1992b, 13.

ge später mit einer historischen Einordnung (»Vom ersten zum neuesten deutschen Panzerschiff«[84]), in der noch einmal die moderne Bewaffnung des neuen Schiffs gepriesen wurde, und nahm auf der Lokalseite eine kurze Nachbetrachtung der Festivitäten vor, wobei die Zeitung den Lesern mit den Worten des Flottenchefs Walter Gladisch noch einmal die offizielle Aufgabe der nationalsozialistischen Rüstungspolitik vor Augen führte: »Auch weiterhin wird Ziel der Flotte sein [...], der Flagge Schwarz-weiß-rot den Platz in der Welt zurückzuerobern, der ihr gebührt.«[85]

Zunächst feierte die NS-Propaganda die Flotte

Doch dann drehte sich der Wind in der Presse und das große Schweigen musste beginnen, als im Zuge der 1933 angelaufenen Rüs tungsverhandlungen auch die staatliche Propaganda von der geistigen Aufrüstung in Richtung Friedenspropaganda umgestellt wurde:[86] »Die Meidung bestimmter Themen gehörte durchaus zur Strategie der NS-Informationspolitik«.[87] Die Presse verzichtete deshalb ab dem Frühjahr 1933 bis 1935 darauf, über die zunehmende militärische Potenz der deutschen Streitkräfte zu berichten.[88] Das Thema verschwand damit selbst aus NSDAP-Blättern wie der *BNZ* bzw. der *Bremer Zeitung*.

Dann wurde die Flotte versteckt

Den Unterschied von alter Aufrüstungs- und neuer Friedenspropaganda dokumentiert ein Vergleich der Artikel über den Stapellauf der ›Deutschland‹ vom 2. April 1933 mit einer Presseanweisung, die das Reichspropagandaministerium den deutschen Zeitungen im Vorfeld eines anderen Stapellaufs Anfang Dezember 1934 übermittelte. Das Ministerium verlangte am 6. Dezember »auf Anordnung von allerhöchster Stelle«, dass selbst vom Stapellauf des recht kleinen sogenannten Leichten Kreuzers ›Nürnberg‹ – mit einer Wasserverdrängung von etwa 7.000 Tonnen nur etwas mehr als halb so groß wie das Panzerschiff ›Deutschland‹ (knapp 12.000 Tonnen) – nur eine kurze Meldung der staatlichen Nachrichtenagentur DNB veröffentlicht werden dürfe, »und zwar in keiner großen Aufmachung«[89]. Die Zeitungen hatten das Abdrucken der bei Stapellauffeiern obligatorischen Glückwünsche und Freudenbekundungen

84 Onyr 1933.
85 Flottenchef Walter Gladisch, zit. n. Anonymus 1933d.
86 Sywottek 1976, 49.
87 Wilke 2007, 170.
88 Sywottek 1976, 50-56.
89 Reichspropagandaministerium 1934, 553.

zu unterlassen: »Es dürfen weder Bilder noch sonst Telegrammwechsel[90], Reden usw. veröffentlicht werden.«[91]

In dieser zweiten Phase der staatlichen nationalsozialistischen Rüstungspropaganda wurde die Veröffentlichung von Tatsachen verboten, die ein Schlaglicht auf die deutsche Aufrüstung hätten werfen können. Wegen der internationalen politischen Implikationen wurden der Öffentlichkeit insbesondere zentrale Projektdetails des Panzerschiffs wie die überlegenen Drillingsgeschütze[92] oder die kräftigen Dieselmotoren[93] nicht bekannt gemacht. Nähere Informationen über Größe und Kampfkraft von Schiffen druckte die Presse nur noch, wenn es um die Marine ausländischer Mächte ging. Diesen Staaten warf die NS-Pressepropaganda dann Aufrüstung vor, um im Gegenzug über die als ungerecht empfundenen deutschen Rüstungsbeschränkungen zu klagen.[94] Diese ersten beiden Phasen der staatlichen Pressepropaganda unterschieden sich diametral.

Für die Marineführung und die Schiffskommandanten ging es mit dem unerwarteten nationalsozialistischen Friedenskurs publizistisch volle Kraft zurück in den Hafen: Die Kriegsschiffe wurden in den Medien an die Kette gelegt, öffentliche Preisungen und Ehrenbekundungen unterblieben.

Dass die NSDAP und ihre Presse keinerlei militärischen Expansionspläne mehr propagierten, stand in einem deutlichen Widerspruch zu den Träumen vom deutschen militärischen Wiederaufstieg, den die Partei vor ihrer Wahl geweckt hatte. Der Wandel der Berichterstattung löste bis weit in bürgerliche Kreise hinein Irritationen und Verwunderung aus.[95] Die Probleme, die etwa die Anhängerschaft der rechtsradikalen Deutschnationalen Volkspartei (DNVP – die »Steigbügelhalter Hitlers«[96]) mit dem Verzicht auf die militaristische Propaganda hatte, illustrierte SYWOTTEK mit der Warnung eines Korrespondenten der DNVP-nahen Presse, der auf einer Veranstaltung im Reichspropagandaministerium warnte, dass »eine stark pazifische Färbung in der Publizistik [...] naturgemäß die deutsche Öffentlichkeit schließlich stutzig machen muß und zu schweren Enttäuschungen führen dürfte«[97]. Was bereits DNVP-na-

90 Glückwunschtelegramme zum Stapellauf.

91 Reichspropagandaministerium 1934, 553.

92 Koop/Schmolke 2014, 24.

93 Koop/Schmolke 2014, 34.

94 Vgl. »Es wird fleißig weitergerüstet! Wettrüsten zur See – 500000 Tonnen werden gebaut« (Anonymus 1933e).

95 Sywottek 1976, 49.

96 Austermann 2020, 227.

97 Sywottek 1976, 49.

he Kreise befremdete, dürfte für eingeschworene Nationalsozialisten bzw. Marinemilitaristen noch schwerer ertragen gewesen zu sein und bei diesen zu einem Bedürfnis nach Selbstvergewisserung geführt haben.

Die ›Deutschland‹ ebenfalls betroffen

Die überraschend veränderte Pressepolitik hatte auch Konsequenzen für den Marinehafen Wilhelmshaven und den Panzerschiffskommandanten von Fischel, indem auch die militärische Bedeutung des Panzerschiffs ›Deutschland‹ totgeschwiegen wurde und öffentliche Ehrenbekundungen unterblieben. Die Presse verschwieg sogar die Jungfernfahrt des Schiffs, die im Mai 1933 nach Norwegen[98] gegangen war. Für von Fischel dürfte es eine Leidenszeit gewesen sein, deren Ende er sehnlichst erwartete.

Und auch Radziwill kann der deutliche Wandel der Berichterstattung – von der im April 1933 groß gefeierten In-Dienst-Stellung eines »Wunderschiffs« zum vollständigen Totschweigen der ersten offiziellen Ausfahrt einen Monat später – nicht verborgen geblieben sein. Bei Radziwill und von Fischel dürfte die plötzlich vorgeschriebene »stark pazifistische Färbung der Publizistik« zu Missfallen geführt haben. Von Fischel hatte noch bei der In-Dienst-Stellung seines Schiffs bekundet, »unseren Mann zu stehen«[99], nun wurde der Mann – bildlich gesprochen – aus der Öffentlichkeit unter Deck verbannt. Die neue publizistische Zurückhaltung dürfte zu dem Gefühl geführt haben, auf einem kräftigen, aber doch verkannten Riesen zu dienen.

Auch Radziwills hält das Panzerschiff klein

Mit seiner schemenhaften, zurückgenommenen Darstellung malte Radziwill das Panzerschiff entsprechend der zurückhaltenden Berichterstattung, die auch die Presse seit Mitte 1933 geprägt hatte: Die ›Deutschland‹ liegt in der Ferne bzw. außerhalb der allgemeinen Wahrnehmung. Radziwills *Inselbrücke* erzählt in diesem Sinne von einer *zurückgehaltenen* militärischen Kraft des »Wunderschiffs«.

Während jedoch einfache zivile Anhänger einer expansiven Flottenpolitik zunächst einmal ihre Enttäuschung verarbeiten mussten, könnten exponierte Marineoffiziere wie von Fischel (und damit auch dessen Marinefreund Radziwill) vermutlich darüber im Bilde gewesen sein, dass es sich bei der zurückhaltenden öffentlichen Präsentation der ›Deutschland‹ um ein taktisches Manöver handelte und das Frühlingserwachen des Panzerschiffs absehbar war.

---

98 Harris 2017.

99 Zit. n. Anonymus 1933f.

Der Wandel der nationalsozialistischen Pressepropaganda 1934

Das weitgehende Totschweigen des Panzerschiffs ›Deutschland‹ dauerte lediglich bis zum April 1934. SYWOTTEK geht zwar davon aus, dass die Verheimlichung der Aufrüstung und die Verschleierung der erreichten militärischen Potenz bis in den März 1935 anhielt,[100] das Panzerschiff ›Deutschland‹ wurde jedoch bereits am 7. April 1934 von Adolf Hitler aus dem Dornröschenschlaf geholt und der Öffentlichkeit präsentiert, als der neue Reichskanzler eine kurze Meldung verbreiten ließ, die ausdrückte, dass »der Führer« die ›Deutschland‹ jetzt quasi symbolisch persönlich in Besitz genommen habe. Die Meldung besagte, dass Hitler der Schiffsführung eine signierte Autogrammkarte geschickt hatte, die einen »besonderen Ehrenplatz in der Offiziersmesse des Schiffes« bekommen sollte (Abbildung 14).

Hitler nimmt die ›Deutschland‹ symbolisch in Besitz

Indem sein Gesicht nun von der Kabinenwand auf die Schiffsführung hinabblickte, übernahm Hitler auch offiziell das Kommando über die ›Deutschland‹ und versicherte der Besatzung sein Augenmerk und seine Wertschätzung. Diese presseöffentlich bekundete Wertschätzung sollte in der Folgezeit anhalten. Zwei Tage nachdem sie über den Ehrenplatz des Hitlerbildes berichtet hatte, verbreitete die staatliche Presseagentur DNB ergänzend die Information, wonach nun auch noch der Oberbefehlshaber der Marine, Flottenchef Raeder, Schiff und Offizierskorps besuchen wollte, um »an Artillerieschießübungen

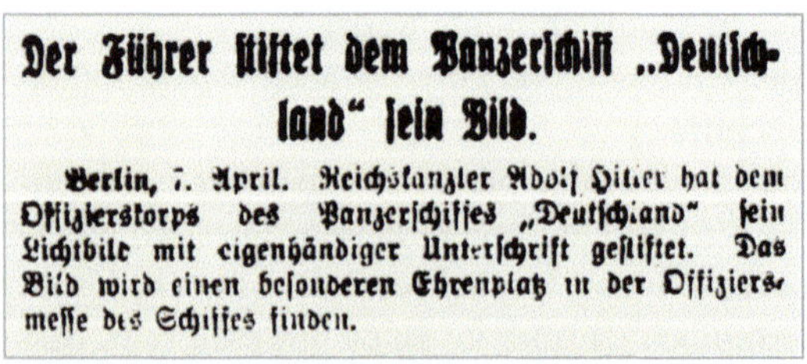

Der Führer stiftet dem Panzerschiff „Deutschland" sein Bild.

Berlin, 7. April. Reichskanzler Adolf Hitler hat dem Offizierskorps des Panzerschiffes „Deutschland" sein Lichtbild mit eigenhändiger Unterschrift gestiftet. Das Bild wird einen besonderen Ehrenplatz in der Offiziersmesse des Schiffes finden.

Abbildung 15: Zeitungsmeldung über Hitlers Fotogeschenk an die Kommandantur des Panzerschiffs ›Deutschland‹.[101]

[100] Sywottek 1976, 56.

[101] Aus: *Annender Zeitung*, 7.4.1934.

und einer mehrtägigen Übungsfahrt«[102] teilzunehmen. Am 11. April folgte die Zusatzinformation, dass sich auch Reichswehrminister von Blomberg dem Besuch anschließen werde.[103] Und noch am selben Tag ergänzte das staatliche Deutsche Nachrichtenbüro, dass sich Hitler nicht nur als Foto auf dem Schiff befinde, sondern sich auch persönlich an Bord begeben habe.[104] Als nächsten Akt des Informationsstakkatos verbreitete das DNB schließlich ein Foto, das Hitler, Raeder und von Blomberg an Bord der ›Deutschland‹ zeigte[105] – Das Offizierskorps erfuhr damit schlagartig die lang vermisste allerhöchste Aufmerksamkeit.

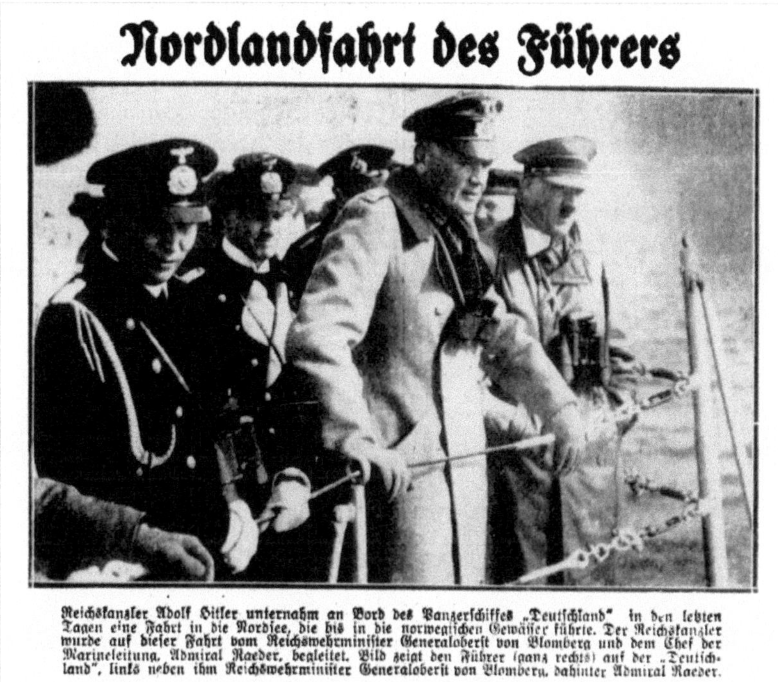

Nordlandfahrt des Führers

Reichskanzler Adolf Hitler unternahm an Bord des Panzerschiffes „Deutschland" in den letzten Tagen eine Fahrt in die Nordsee, die bis in die norwegischen Gewässer führte. Der Reichskanzler wurde auf dieser Fahrt vom Reichswehrminister Generaloberst von Blomberg und dem Chef der Marineleitung, Admiral Raeder, begleitet. Bild zeigt den Führer (ganz rechts) auf der „Deutschland", links neben ihm Reichswehrminister Generaloberst von Blomberg, dahinter Admiral Raeder.

Abbildung 16: Bild/Bildtext zur ersten öffentlich dokumentierten Fahrt Adolf Hitler auf der ›Deutschland‹.[106]

[102] Anonymus 1934a.

[103] Etwa Anonymus 1934b.

[104] Etwa Anonymus 1934c.

[105] Etwa Anonymus 1934d.

[106] Aus: *Bochumer Anzeiger*, 19.4.34.

Hitler kam jedoch nicht nur zu einer Stippvisite, sondern er führte das Schiff – knapp ein Jahr nach der tatsächlichen Jungfernfahrt – zum ersten offen kommunizierten Auslandseinsatz (Abbildung 16, vorherige Seite).

Mit Hitlers Norwegenreise wurde die in Franz Radziwills Gemälde dargestellte Szenerie überwunden, wonach der Schiffskommandant und sein Panzerschiff ›Deutschland‹ im Marinehafen Wilhelmshaven auf den Frühling und den Aufbruch auf die hohe See wartete.

Wie relevant Hitlers Fahrt für den Wandel der nationalsozialistischen Propaganda war, zeigte sich daran, dass seine Reise Anfang April 1934 nicht nur in der Presse herausgestellt, sondern bebildert auch in der Zeitschrift *Die Reichsmarine* sehr ausführlich abgefeiert wurde.[107]

In den Folgewochen begann das staatliche Nachrichtenbüro mit einer intensiven Propaganda, um das zuvor totgeschwiegene Panzerschiff in die Öffentlichkeit zu drücken. Die Zahl der in der deutschen Presse lancierten Artikel stieg seit April 1934 deutlich (Abbildung 17).

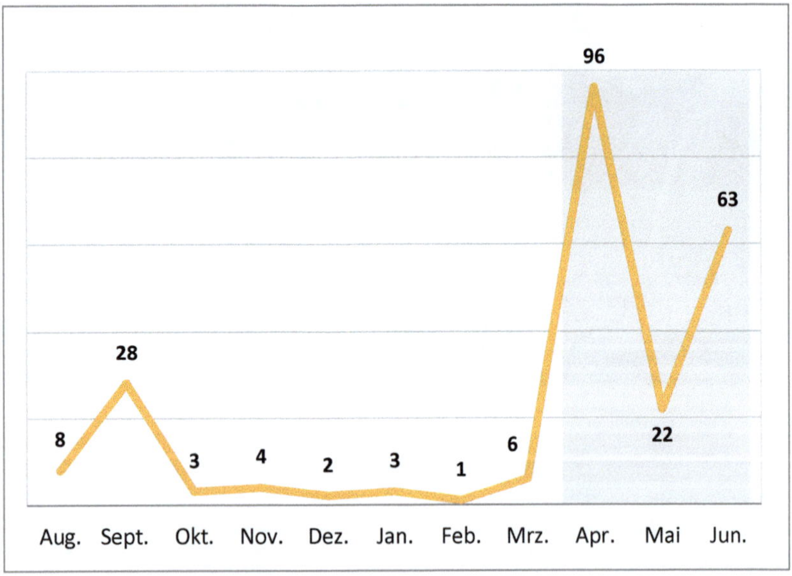

Abbildung 17: Zahl der Pressetexte über das Panzerschiff ›Deutschland‹ (Nordrheinisches Preußen und Westfalen, August 1933 bis Juni 1934).

[107] Vgl. Anonymus 1934e.

Mit der Norwegenfahrt Hitlers begann eine intensive Marinepropaganda, die die ›Deutschland‹ und die anderen neu gebauten Schlachtschiffe sowie deren große Kampfkraft pries. Die Zahl der Artikel, die von Oktober 1933 bis März 1934 im Monatsdurchschnitt kaum mehr als acht betragen hatte, vervielfachte sich im nächsten Vierteljahr auf monatlich durchschnittlich 60.

Schließlich wird die ›Deutschland‹ offensiv öffentlich gefeiert

Für Radziwill, den mit ihm befreundeten Schiffskommandanten Hermann von Fischel und die gesamte Marineführung endete damit die Zeit der auf der *Inselbrücke* abgebildeten Winterstarre, und die Phase der lan ge vermissten öffentlichen Huldigungen wurde Realität.

Radziwills Gemälde zeigt die dem Ende zugehende Wartezeit: Deutschlands kampfkräftigstes Kriegsschiff ist einsatzbereit. Die Beschränkungen des Winters und der Rüstungskontrolle werden fallen, der Anbruch des Frühlings ist absehbar, und das Panzerschiff wird dann – wie eigentlich von der nationalsozialistischen Marinepolitik von Anfang an vorgesehen – auf dem offenen Meer seiner Aufgabe als Sachwalter der wiedergewonnenen deutschen militärischen Größe erfüllen.

Der Zeitungsleser aus dem Reichskriegshafen

Da sie auf demselben Gemälde auftauchen, dürften das Panzerschiff ›Deutschland‹ und der Zeitungsleser nicht unverbunden nebeneinander stehen, sondern aufeinander bezogen sein. Das legt bereits das Miss- bzw. Spannungsverhältnis nahe, das zwischen beiden Motiven besteht. Denn obwohl das auf dem Gemälde gezeigte Schlachtschiff vom Offizierskorps als kraftvoll[108] gefeiert wurde, ist es für ein Marinegemälde eigentlich viel zu unscheinbar ausgeführt, und obwohl der Zeitungsleser für ein Marinegemälde über eine eigentlich zu herausgehobene Position verfügt, haben sich die meisten Bildinterpretationen nicht mit der Beziehung auseinandergesetzt, die zwischen dem Schiff und dem Zeitungsleser bestehen könnte.

Lediglich HINRICHS zeigte sich verwundert, dass die Bildkomposition zwar einen Zusammenhang beider Motive nahelege, dieser jedoch nicht erkennbar sei. So scheine der Zeitungsleser »nicht zum Bildgeschehen zu passen«, weshalb das Gemälde »beim Betrachter eine Irritation auslösen« dürfte.[109]

SOINE sieht dagegen keine Beziehung zwischen dem Panzerschiff und der Presse. Für ihn ist der Zeitungsleser derart irrelevant, dass er das Wort nur ein einziges Mal erwähnt.[110] Der Leser versinnbildliche lediglich eine seinerzeit von Radziwill als irrig angesehene frühere Phase seines politischen Denkens. Dieser habe in jungen Jahren den Bau des Panzerschiffs, über den 1928 im Reichstag sehr kontrovers gestritten worden war,[111] abgelehnt. Radziwill habe die Presse auf dem Gemälde thematisiert, weil er sie für diese Fehlentscheidung verantwortlich gemacht habe, nicht jedoch, weil die Zeitungen in einer Beziehung zum gemalten Panzerschiff standen: »Der Zeitungsleser mag [...] schließlich eine Revision des früheren Standpunktes Radziwills beschreiben.«[112] Hier ist allerdings zu fragen, was den Käufer der *Inselbrücke*, Schiffskomman-

108 Soine 1992b, 15.
109 Hinrichs 2017, 405.
110 Soine 1992b, 14f.
111 Prager 1995, 9ff.
112 Soine 1992b, 15.

dant Hermann von Fischel, an einem Marinebild erfreut haben sollte (»zusammengeballte Kraft«[113]), das mit dem Zeitungsleser ein zentrales Motiv aufweist, das laut SOINE lediglich der Vergangenheitsbewältigung des Privatmenschen Radziwill gedient haben soll und dem damit kein politischer Impetus zugekommen sein soll. Und warum sollte Nazianhänger Radziwill – rund ein halbes Jahr nach der Errichtung der von ihm begrüßten Hitlerschen Diktatur – noch persönliche Kritik an einer ein halbes Jahrzehnt zurückliegenden Presseberichterstattung geäußert haben, wo die nationalsozialistische Erneuerung bzw. Gleichschaltung der alten Presse doch längst begonnen hatte?

Auch für SCHULTE-WÜLWER 1989 ist der Zeitungsleser das Symbol einer individuellen Ratziwillschen Sicht auf die Presse. Er stellt zwar den Zusammenhang mit dem Panzerschiff her, wonach der Zeitungsleser nicht in der Lage sei, »die ›Errungenschaften‹ der modernen Kriegstechnik« wahrzunehmen. Doch auch SCHULTE-WÜLWER individualisiert und depolitisiert die Radziwillsche Pressekritik, indem er den Zeitungsleser zum Symbol einer persönlichen Abrechnung Radziwills mit einem »damalige[n] Kollege[n] an der Kunstakademie Düsseldorf«[114] erklärte. Auch hier wäre zu fragen, was den Schiffskommandanten von Fischel an einem Marinebild erfreut haben sollte, das mit dem zentralen Motiv des Zeitungslesers lediglich der Lebensbewältigung des Künstlers gedient haben soll.

SCHMIED erkennt in dem Zeitungsleser ebenfalls das Symbol einer Ratziwillschen Pressekritik, verallgemeinert den Fokus jedoch über die Marine hinaus auf die gesamte technische Moderne. Seiner Meinung nach habe der Maler die Presse thematisiert, weil sie ihren Lesern die Flucht vor der Auseinandersetzung mit der »überwältigenden Technik« erlaube, von der das Panzerschiff nur eine mehrerer möglicher Verkörperungen sei.[115] Auch bei SCHMIEDS Bildinterpretation besteht das Problem, dass sich die Radziwill zugeschriebene Medienkritik und die zurückgenommene militärische Relevanz des Kriegsschiffs ›Deutschland‹ nicht zu einer gemeinsamen Erzählung verbinden lassen, die die Begeisterung des Schiffskommandanten erklären könnte.

Zwei Deutungen verknüpfen Presse und Kriegsschiff direkter und sehen bei Radziwill den militärpolitischen Impetus, dass er Zeitungen für die Geringschätzung des Panzerschiffs ›Deutschland‹ habe kritisieren

---

[113] Hermann von Fischel, zit. n. Soine 1992b, 15.

[114] Schulte-Wülwer 1989, 153.

[115] Schmied 2003, 194f.

wollen. VAN DYKE sieht die Verbindung zwischen den beiden zentralen Motiven darin, dass die Presse nicht in der Lage gewesen sei, den nationalsozialistischen Traum von der militärischen Kraft der Kriegsmarine zu vermitteln: »Bürgerliche, die sich in Zeitungen – von Radziwill eher kritisch betrachtet – versenkten, und die Welt mit eigenen Augen nicht sahen, waren unfähig, diese Kraft wahrzunehmen.«[116] Besonders vor dem Hintergrund, dass die digitale Medieninhaltsanalyse ergab, dass weder die NS-Zeitungen noch die damals noch vorhandenen Reste der traditionellen Presse (die bereits vom Reichspropagandaministerium gelenkt wurde[117]) über das Panzerschiff berichteten, ist zu bezweifeln, ob überhaupt noch von einer bürgerlich geprägten Presse gesprochen werden kann.

Ähnlich wie SCHMIED sieht auch WEIGEL in dem Zeitungsleser das Ziel Radziwills umgesetzt, die Presse für ihren Umgang mit der Moderne zu kritisieren. Sie verknüpft jedoch die beiden zentralen Bildmotive durch die Idee, Zeitungen würden von Deutschlands größtem Kriegsschiff ablenken. Einem zeitgenössischen Zeitungsleser sei es möglich gewesen, »sich durch seine inwendige Haltung der Außenwelt« und dem »unmittelbaren Wirklichkeitsbezug« zu verweigern.[118] Hier ist vor allem angesichts der staatlichen Medienpropaganda zu bezweifeln, dass überhaupt von einem Wirklichkeitsbezug gesprochen werden kann. Es gab 1933 im Gegenteil eine nicht geringe Zahl von Zeitungslesern, die sich angesichts der Medienkontrolle der *nationalsozialistischen* Wirklichkeitssicht verweigerten, deshalb auf die NS-Presse verzichteten und ihre Zeitungsabonnements kündigten.[119]

Die bisherigen Deutungen können nicht erklären, was Radziwill dazu bewogen haben sollte, ein Gemälde, das eigentlich zur Freude seines Käufers das modernste und schlagkräftigste Kriegsschiff der deutschen Marine feiern will, mit einem negativ konnotierten Zeitungsleser zu kontrastieren. Warum sollte das von Radziwills Marinefreunden empfundene Positive (das »Wunderschiff«) durch etwas Negatives (die Presse) gebrochen werden? Und warum sollte ausgerechnet der Kommandant von Deutschlands größtem Kriegsschiff ein Gemälde als emotional beglückend loben, in dem ein ergänzendes Motiv ›seinem‹ Schiff einen Großteil seines Glanzes raubt?

---

116 Van Dyke 2017, 68.

117 Matysiak 2004, 19ff.

118 Weigel 2017, 18.

119 Matysiak 2005, 41f.; Matysiak 2004, 34.

Die bisherigen Deutungen des Zeitungslesers erscheinen insbesondere vor dem Hintergrund dieser nationalsozialistischen Pressepolitik wenig tragfähig. Aus pressehistorischer Sicht fehlt den Deutungen beispielsweise jede Bezugnahme auf die Medienrealität in der Frühphase des Nationalsozialismus. Die Bildanalyse benötigt jedoch die Beachtung der zeitgenössischen politischen Bedingungen der Medienproduktion. Die bildgestaltende Funktion des Zeitungslesers lässt sich dagegen erklären, wenn man Radziwills Verherrlichung der Kriegsmarine mit der damaligen nationalsozialistischen Außen- und Pressepolitik verknüpft.

Nationalsozialistische Außen- und Pressepolitik als Deutungshintergrund

Da die offizielle nationalsozialistische Friedenspropaganda bis zum April 1934 nicht den tatsächlichen Rüstungsaktivitäten entsprach, öffnete sich zwischen der in der Presse verkündeten und der faktisch betriebenen nationalsozialistischen Flottenpolitik eine Realitätsschere, die dem Zeitungsleser seine Bedeutung gibt. Auf der einen Seite standen jene Marinekreise, die auf die Realisierung des Programms der Kräftigung der deutschen Kriegsmarine hofften, die die nationalsozialistische Wiedererweckungsbewegung versprochen hatte. Ihre Vorstellungen sind im Bildmotiv des vor dem baldigen Auslaufen stehenden Panzerschiff ›Deutschland‹ bzw. dessen Aufbruch zur See gebündelt. Auf der anderen Seite steht die im Motiv des Zeitungslesers gebündelte Leserschaft, die – wie die Medieninhaltsanalyse ergab – aus den Zeitungen nichts Beeindruckendes über Deutschlands »Wunderschiff« erfuhr.

Die zentrale Position des Kriegsschiffs und vor allem dessen überzeichnete Bewaffnung dürfte der wesentliche Grund gewesen sein, warum Schiffskommandant Hermann von Fischel das Gemälde positiv aufnahm. Das Panzerschiff ist von schräg achtern gemalt, was die beiden großen Drillingsgeschütze (in der Realität gab es nur eines[120]) betont und was auch der Auslöser von Fischels Auffassung gewesen sein dürfte, das Gemälde strahle Kraft aus. Auch der Kontrast mit dem alten, noch genieteten Kriegsschiff hebt die Kraft der ›Deutschland‹ hervor. Diese Kraft wurde jedoch von Radziwill gebrochen, denn das stärkste Kriegsschiff der deutschen Reichsmarine konnte zwar von den Militärs als ein Ausdruck von Kraft wahrgenommen werden, doch malte Radziwill die ›Deutschland‹ trotz ihrer wichtigen Rolle vergleichsweise zurückhaltend. Die schemenhafte, zurückgenommene Darstellung des Panzerschiffs

[120] Soine 1992b, 15.

entspricht der zurückhaltenden Berichterstattung, die die Presse seit dem letzten Drittel des Jahres 1933 prägte.

Der auf dem Gemälde abgebildete Zeitungsleser ist – anders als bisher angenommen – ein weiteres wichtiges Bildthema. Die Darstellungsweise und die Bildkomposition belegen, dass Radziwill in seinem Gemälde *Inselbrücke in Wilhelmshaven* mit dem Zeitungsleser – neben dem mittig positionierten Panzerschiff ›Deutschland‹ – einem zweiten Motiv eine zentrale Stellung zuwies, denn der Leser ist keine Randfigur oder eine kleine, nicht zum eigentlichen Bildmotiv passende Aufarbeitung einer früheren Lebensphase des Franz Radziwills, sondern es bildet einen deutlichen farblichen Kontrast. Auf der einen Seite findet sich das durch seine zurückhaltende Präsentation abgeblendete Panzerschiff, auf der anderen Seite das konkurrierende Motiv des auf der Ebene der Bildkomposition deutlich herausgehobenen Zeitungslesers. Um dessen Bedeutung zu betonen, hat Radziwill den Zeitungsleser an den unteren Bildrand in den absoluten Vordergrund gestellt. Auch weitere kompositorische Aspekte betonen dessen Bedeutung, denn anders als das Panzerschiff wird die Rolle des Zeitungslesers nicht dadurch geschmälert, dass das Motiv verdeckt wird. Sondern es befindet sich im Gegenteil in der ersten Reihe auf offener Bühne.

Der Zeitungsleser bildet einen Kontrast zur ›Deutschland‹

Nicht nur die Bildkomposition, sondern auch die Malweise hebt die Bedeutung des Zeitungslesers hervor. So sind anders als beim Panzerschiff die Konturen des Lesers klar umrissen, seine Farben leuchten, und die dunkelgraue Gestalt ist kontrastreich vor einem schneeweißen Hintergrund postiert ist (Abbildung 17, nächste Seite).

Die Funktion des zweiten Motivs lässt sich aus der digitalen historischen Inhaltsanalyse herleiten, die ergab, dass Zeitungsleser aus der Presse nichts über das Panzerschiff ›Deutschland‹ erfuhren. Nicht geklärt ist damit allerdings, ob die Leserschaft auf anderem Weg über das Schiff informiert war, etwa über nicht öffentliche Nachrichtenverteiler oder persönliche Kontakte.

Zur Deutung von Radziwills Zeitungsleser bieten sich zwei Lesarten an, nämlich die des informierten oder uninformierten bzw. die des eingeweihten oder uneingeweihten Lesers. Dabei geht es um das Wissen, dass im Kriegshafen von Wilhelmshaven Deutschlands stärkstes Kampfschiff auf seinen Einsatz wartet.

Im ersten Fall wartet der Zeitungsleser (der von dem im Hintergrund wartenden kampfkräftigen Schiff weiß) sehnsüchtig auf ein Zeichen, dass

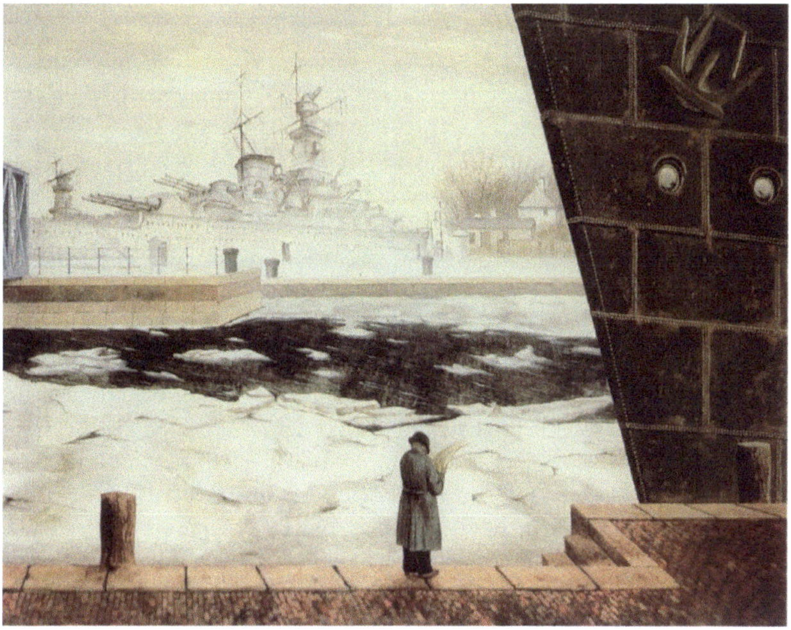

Abbildung 18: Franz Radziwill, Inselbrücke in Wilhelmshaven (1934; Ausschnitt).[121]

sich die NS-Führung wieder zu ihrer Flotte bekennt, das propagandistisch begründete mediale Ausblenden der ›Deutschland‹ endet, das Schiff die Leinen lösen und endlich auf den Weltmeeren seine Rolle als aggressiver Sachwalter von Deutschlands Größe übernehmen kann. Nach dieser ersten Lesart suchte der auf Radziwills Gemälde verewigte Zeitungsleser in der Presse nach dem Signal, dass die versprochene nationalsozialistische aggressive Flottenpolitik realisiert wird und das »Wunderschiff« in der Öffentlichkeit jenen Stellenwert bekommt, der ihm wegen seiner Kampfkraft gebühre.

Entweder sucht der Zeitungsleser nach dem Signal zum Aufbruch

Der Zeitungsleser stünde damit für einen von der ganzen militaristisch-nationalsozialistisch geprägten Öffentlichkeit erwarteten Politikwechsel und wäre damit ein Zukunftsversprechen. Schiffskommandant und Gemäldekäufer von Fischel hätte in diesem Fall die Freude gehabt, mit der *Inselbrücke* das Versprechen der anbrechenden großen militärischen Zukunft seiner kraftvollen ›Deutschland‹ vor Augen zu haben.

[121] Bildquelle: Kunsthalle Wilhelmshaven 2011.

Variante A

Aus der Sicht eines Marinefreunds ergäbe sich dann folgende Bildaussage: Noch liegt unser kräftiges »Wunderschiff« ›Deutschland‹ von der Öffentlichkeit unbeachtet im Hafen, aber die Marine und die Zeitungsleser warten nur auf das Zeichen, dass endgültig der Frühling anbricht, und dann wird das Schiff öffentlich gefeiert werden und für Deutschland auf Große Fahrt gehen können.

Wie die historische digitale Medieninhaltsanalyse zeigte, sollte der ersehnte Kurswechsel in der Flottenpolitik recht kurzfristig etwa vier Monate nach der Beendigung der *Inselbrücke in Wilhelmshaven* einsetzen, als Hitler dem Schiffskommandanten seine signierte Autogrammkarte zukommen ließ. Aus dem dem Schiffskommandant gegebenen Zukunftsversprechen war somit Anfang April 1934 Realität geworden.

Nach der zweiten Lesart würde der Zeitungsleser *nicht* wissen, dass im Kriegshafen am Wilhelmshavener Jadebusen Deutschlands modernstes Kampfschiff einsatzbereit auf den Marschbefehl wartet. Hierfür spricht, dass der Leser nicht auf die ›Deutschland‹, sondern den alten genieteten Kahn ausgerichtet ist. In diesem Sinne wäre der Zeitungsleser negativ zu interpretieren: Er symbolisierte dann die von der Presse uneingeweiht gehaltene Masse, während das »Wunderschiff« im Gegensatz dazu für jene Marine-affinen Kreise stünde, die vom bevorstehenden Übergang zu einer aggressiveren Flottenpolitik wissen.

Bei der zweiten Variante stellte sich die Frage, welche Funktion ein negativ als ahnungslos konnotierter Zeitungsleser in einem Marinegemälde erfüllen kann, dessen eigentlich zentrales Schiffsmotiv deutlich unterbelichtet ist. Aber auch dieser Gegensatz von positivem »Wunderschiff« und negativem Zeitungsleser wäre für den Schiffskommandanten, für den Radziwills Gemälde bestimmt war, ein positives Narrativ, denn es bedeutete für von Fischel zunächst eine Selbstbestätigung: Das Gemälde erinnerte ihn in diesem Fall daran, dass er zwar mit seinem »Wunderschiff« im Abseits auf die große Ausfahrt wartet, er jedoch im Gegensatz zu den uninformiert gehaltenen Zeitungslesern weiß, dass bald der ersehnte große militaristische Auftritt kommen werde. Der Kontrast von positivem Schiff und nicht eingeweihtem Zeitungsleser brächte dann einen Distinktionsgewinn.

Oder der Zeitungsleser sorgt für Distinktionsgewinn

Nach BOURDIEU entsteht ein Distinktionsgewinn, wenn sich eine sich höher bewertende Bevölkerungsgruppe unter Nutzung besonderer

Stilisierungsmöglichkeiten gegenüber niedrigeren angesehenen Gruppen sozial aufwerten kann.[122] Dabei entsteht der Gegensatz von einerseits auserwählten und andererseits ausgeschlossenen Menschen. Radziwills *Inselbrücke* ermöglichte es dem Gemäldekäufer auf diese Weise, sich als Teil der eingeweihten Militärelite von der ahnungslosen Zivilbevölkerung abzugrenzen. Von Fischels Distinktionsgewinn basierte in diesem Fall auf dem besonderen Insiderwissen, über das der Kapitän des »Wunderschiffs« im Gegensatz zum normalen Zeitungsleser verfügte.

Diese soziale Praxis war typisch für das Militär. Das Thema Distinktionsgewinn wurde in den ersten Jahrzehnten des 20. Jahrhunderts vor allem bei der Kriegsflotte relevant, als Marineoffiziere im Zuge des militärischen Fortschritts ein eigenes militärisches Bewusstsein und das Gefühl der Besonderheit entwickelten. LEVY bezog sich diese Entwicklung explizit auch auf die Offiziere moderner Schlachtschiffe: Der rüstungstechnologische Fortschritt erforderte »to master the military uses of new industrial means for transportation and communication and to harness new industrial production techniques as they applied to the manufacture and invention of new weapons of war, from machine guns to battleships«[123]. Daraus konstruierten die deutschen Offiziere eigene militärische Haltungen und Traditionen, woraus sich in Deutschland insbesondere in den 1920er Jahren die Vorstellung eines »literally [...] primitive nationalist socialism« entwickelte, der einen strengen Militarismus verkörperte, der »military values above all other social goods« stellte.[124] Der *Homo militaris* entwickelte dabei einen Korpsgeist,[125] der von einem eigenen Standesbewusstsein und inneren Zusammenhalt getragen wird.[126]

Von solchen Überlegenheitsefühlen dürfte insbesondere auch die Besatzung und primär das Kommando von Deutschlands »Wunderschiff« übermannt worden sein – und auch der diesen Kreisen zugewandte Maler Radziwill. Auch hier dürfte das besondere Gemeinschaftsgefühl nach außen zu einer deutlichen Abgrenzung von der nichtmilitärischen zivilen Gesellschaft geführt,[127] was die Grundlage des »deutlichen Distinktionsgewinn[s]«[128] ist.

---

[122] Georg 2014, 166.
[123] Burk 1999, 457.
[124] Burk 1999, 461.
[125] Hagen 2012, 84, 170.
[126] Hagen 2012, 84.
[127] Hagen 2012, 224.
[128] Hagen 2012, 169.

Vor dem Hintergrund des Gegensatzes von Militär und Zivilgesellschaft ließe sich Radziwills Zeitungsleser somit als Figur deuten, die dem Gemälde eine innere Spannung verschafft. Auf der einen Seite stünde das »Wunderschiff« als Symbol der militaristischen Welt der Marinefreunde, auf der anderen Seite repräsentierte der Zeitungsleser die militärisch unbeleckte Allgemeinheit und die aus militaristischer Sicht unbrauchbare Massenpresse, die seit Mai 1933 auf die Berichterstattung über die moderne ›Deutschland‹ verzichtet hatte. Zeitungsleser und Massenpresse wären dann jene negativ konnotierte Hälfte des Gegensatzes von Militär und Zivilgesellschaft thematisiert, der nach HAGEN die Grundlage des elitären Distinktionsgewinns ist.[129] Für diese Interpretation spricht, dass sich der Zeitungsleser und das alte Kriegsschiff in derselben vorderen Bildebene und in außerdem rechts in derselben Bildhälfte befinden, also strukturell gleichgesetzt sind: zum einen der Zeitungsleser mit der (noch) nicht im Sinne der neuen Zeit berichtenden Presse, zum anderen der unmoderne, alte Kahn. Schiffskommandant von Fischel, der Käufer des Gemäldes, hätte dann seine besondere Freude aus der Bildaussage gezogen haben können, dass sich sein Geheimwissen über das vor der Erweckung stehende »Wunderschiff« weit von dem Unwissen der Massengesellschaft der einfachen Zeitungsleser unterscheidet. Die Abgrenzung von der nichtmilitärischen Normalgesellschaft ist dabei ein Beitrag zur sozialpsychogischen Selbstvergewisserung und Kräftigung.

Variante B

Aus der Sicht des Gemäldefreundes von Fischel ergäbe sich dann folgende Bildaussage: Die ignorante Presse bzw. Öffentlichkeit haben zwar keine Ahnung, dass ein »Wunderschiff« kampfbereit im Hafen liegt, aber wir Auserwählten von der Marine wissen, dass der Frühling naht und das Schiff dann für Deutschland auf Große Fahrt gehen wird.

Wie auch immer, nach beiden Lesarten wirkt der Zeitungsleser als Verstärker der Bildaussage. Im Falle, dass die Repräsentanten der Reichsmarine und die durch den Zeitungsleser repräsentierte Öffentlichkeit in ihrer Sehnsucht nach dem militärischen Aufbruch übereinstimmen, verstärkte der Zeitungsleser die Position der Marineoffiziere, indem nicht nur die Marine (»wir«) auf den anbrechenden Frühling hoffte, sondern

Der Zeitungsleser verstärkt die Bildaussage

[129] Hagen 2012, 169.

auch die vielen genauso denkenden zivilen Marinefreunde (»wir und das ganze nationalsozialistische Land«).

Im Falle der Lesart, dass die Offiziere der Reichsmarine und die durch den Zeitungsleser repräsentierte Massengesellschaft in ihrer Sehnsucht nach dem bevorstehenden maritimen Aufbruch nicht übereinstimmen, verstärkte der Zeitungsleser nicht nur den Distinktionsgewinn, sondern er begründete ihn sogar (»wir gegen das ganze unwissende Volk«).

Ob Franz Radziwill beim Malen so weit gedacht hat?

Kurzfassung

Franz Radziwills Gemälde *Inselbrücke in Wilhelmshaven* zeigt eine Szene aus dem örtlichen Reichskriegshafen. Zu sehen ist der Hafen mit einem Hafenbecken im Vordergrund und dem Panzerschiff ›Deutschland‹ im Hintergrund, dem damals modernsten Kriegsschiff des Deutschen Reiches. Es galt als »Wunderschiff«. Vorne am Bildrand steht ein Zeitungsleser, in den rechten Vordergrund ragt der Bug eines weiteren Kriegsschiffs, und links ist eine Drehbrücke zu sehen, die dem Bild den Namen gab. Die Szene spielt gegen Winterende, denn das Hafenbecken ist bereits teilweise eisfrei.

Die Inselbrücke ist nicht Radziwills einziges Gemälde mit einem Kriegsschiffmotiv. Der Maler schuf eine Vielzahl von Marinebildern, in denen die Bewaffnung betont und die Kampfkraft von Kriegsschiffen gefeiert wurde. Hierzu gehörte auch das Schlachtgemälde *Die Beschießung der Stadt Almeria* aus dem Jahr 1938, das als sittlich-moralischer Tiefpunkt seines Malerlebens bezeichnet werden kann. Radziwills feierte hier die völkerrechtswidrige Bombardierung der Zivilbevölkerung der spanischen Stadt im Jahr 1937 durch ein deutsches Kriegsschiff. Er stellte sich damit an die Seite Adolf Hitlers, der das Kriegsverbrechen persönlich angeordnet hatte.

Mit der ›Deutschland‹ steht auch auf der *Inselbrücke in Wilhelmshaven* ein Kriegsschiff im Mittelpunkt, dessen Darstellung der Käufer des Gemäldes, der damalige Schiffskommandant Hermann von Fischel, wegen der militärischen Potenz lobte, die das Panzerschiff seiner Meinung nach ausstrahlte. Das Schiffsmotiv ist jedoch vergleichsweise blass geraten, vor allem, wenn es mit dem zweiten Kriegsschiff im Vordergrund kontrastiert wird, einem alten Kahn. Die ›Deutschland‹ verschwimmt fast mit dem schneeweißen Hintergrund.

Auch wenn es sich um eine Winterlandschaft handelt, das teilweise eisfreie Hafenbecken signalisiert bereits den nahenden Frühling. Der Frühling war 1933, das Jahr von Hitlers Machtübernahme, eine Chiffre für den Wiederaufstieg des Deutschen Reichs. Das stärkste Symbol für den militärischen Wiederaufstieg war die ›Deutschland‹, das modernste Kriegsschiff des Landes.

Der Winter ist auf dem Gemälde jedoch noch nicht vorbei, und das Schiff liegt etwas abseits im Hintergrund. Die Frage stellt sich: Wann kommt der Frühling, wann kann das stolze Schiff auf Große Fahrt gehen?

Der Deutungshintergrund ist die nationalsozialistische Außen- und Pressepolitik, die den Einsatzrahmen des »Wunderschiffs« vorgab und dessen öffentliche Präsenz bestimmte.

Der zentrale Ort, um sich über das »Wunderschiff« zu informieren, war 1933 die Presse. Doch welche Informationen standen in der Zeitung, die auf Radziwills Gemälde zu finden ist? In welcher Beziehung standen die deutsche Presse und Deutschlands kampfstärkstes Kriegsschiff?

Um Hinweise zu bekommen, wie der dargestellte Zeitungsleser zu deuten ist, wurde eine digitale historische Medieninhaltsanalyse vorgenommen.

Die Inhaltsanalyse zeigte, dass die Presse nicht kontinuierlich über das »Wunderschiff« berichtete. Das Schiff war für die meisten deutschen Zeitungen völlig irrelevant. Und selbst diejenigen Blätter, die sich grundsätzlich für die ›Deutschland‹ interessierten, befassten sich ab dem Juni 1933 nicht mehr mit dem Thema. Das Schiff verlor fast völlig seine Relevanz. Selbst Marine-affine Zeitungen und die streng militaristische NS-Presse verschwiegen fortan Deutschlands modernstes Kriegsschiff. Radziwills Zeitungsleser erfuhr insofern nichts über das Schiff.

Der Grund für die Presseabstinenz waren die Bestimmungen des Versailler Vertrags, der die Marinerüstung des Deutschen Reiches stark beschränkt hatte. Hitler wollte die militärische Rolle Deutschlands zwar grundsätzlich durch eine starke Aufrüstung stärken, was dazu führte, dass die NS-Propaganda die Flotte zunächst groß feierte.

Bereits nach kaum vier Monaten drehte sich jedoch der Wind. Hitler hatte aus außenpolitischen Gründen beschlossen, das Thema Aufrüstung zurückzustellen, um den Siegermächten des Ersten Weltkriegs keinen Anlass zu einer militärischen Intervention zu bieten. So betrieb der NS-Staat offiziell überraschend eine stärker pazifistische Außenpolitik. Heimlich jedoch wurde weiter der Krieg vorbereitet.

Diese Heimlichtuerei spiegelte sich auch in der von der NSDAP gleichgeschalteten deutschen Presse, die nichts mehr veröffentlichte, was ein Licht auf die Rüstung hätte werfen können.

Als modernstes Kriegsschiff der Reichsmarine war die ›Deutschland‹ besonders stark von der Heimlichtuerei betroffen, was erklären könnte, warum Radziwills das Panzerschiff auch auf seinem Gemälde sehr zurückhaltend ausgeführt hat. Der Maler dürfte vermutlich darüber im Bilde gewesen sein, dass es sich bei der Verbannung der ›Deutschland‹ aus der Öffentlichkeit um ein zeitlich überschaubares taktisches Manöver der NS-Führung handelte, aber – so das Frühlingsmotiv – das Erwachen des Panzerschiffs absehbar war. Das Gemälde stellt insofern eine Phase des Abwartens bzw. einen Schwebezustand dar, während der der Schiffskommandant von Fischel auf das offizielle Signal zum Aufbruch wartete.

Das Erwachen erfolgte bereits Anfang April 1934, als Hitler die ›Deutschland‹ zunächst symbolisch in Besitz nahm, in dem er sein Foto in der Offiziersmesse aufhängen ließ. Drei Tage später begab sich der Reichskanzler auch noch persönlich an Bord, um die von der Besatzung lang ersehnte Ausfahrt mitzumachen. In der Presse wurde das Kriegsschiff seither ausführlich öffentlich begleitet.

Für Radziwill, den mit ihm befreundeten Schiffskommandanten Hermann von Fischel und die gesamte Marineführung endete damit die Zeit der Winterstarre, die auf der *Inselbrücke* abgebildet war, und die Phase der öffentlichen Huldigungen begann.

In diese Bilderzählung lässt sich auch der Zeitungsleser integrieren. Zur Deutung des Zeitungslesers bieten sich zwei Lesarten an, nämlich die des informierten oder uninformierten bzw. die des eingeweihten oder uneingeweihten Lesers. Dabei geht es um das Wissen, dass im Kriegshafen von Wilhelmshaven ein deutsches »Wunderschiff« auf seinen Einsatz wartet, um der Reichskriegsflagge wieder zur Weltgeltung zu verhelfen.

Im ersten Fall wartet bzw. sucht der Zeitungsleser (der von dem im Hintergrund wartenden kampfkräftigen Schiff weiß) in der Presse nach dem Signal, dass sich erstens die NS-Führung zu ihrer Flotte und insbesondere zu ihrem »Wunderschiff« bekennt, zweitens das propagandistisch begründete mediale Ausblenden der ›Deutschland‹ endet und drittens das Schiff endlich die Leinen lösen und auf den Weltmeeren seine Rolle als aggressiver Sachwalter von Deutschlands Großmachtsinteressen übernehmen kann.

Für den Schiffskommandanten und Gemäldekäufer von Fischel hätte der Zeitungsleser in diesem Fall für eine Presse gestanden, die ihn von seiner Befreiung aus dem Eis bzw. Abseits informiert. Zeitung und Panzerschiff stünden auf diese Weise nicht in einem Gegensatz, sondern in einer Wenn-dann-Beziehung: Wenn das »Wunderschiff« in der Zeitung steht, dann geht das Schiff auf Große Fahrt.

Nach der zweiten Lesart würde der Zeitungsleser *nicht* wissen, dass im Kriegshafen am Wilhelmshavener Jadebusen Deutschlands modernstes Kampfschiff einsatzbereit auf den Marschbefehl wartet. In diesem Fall entstünde ein Gegensatz von »Wunderschiff« und Presse.

Nach dieser Lesart könnte für den Kommandanten von Fischel der Reiz des Gemäldes darin bestanden haben, über ein exklusives Wissen über die Zukunft der Marine verfügt zu haben. Noch liege sein stolzes Schiff im Abseits; doch im Gegensatz zu den uninformiert gehaltenen Zeitungslesern wisse er, dass bald der ersehnte große Auftritt seines »Wunderschiffs« kommen werde. Der als Negativschablone gedachte Zeitungsleser hat in diesem Fall die Aufgabe, den Schiffskommandanten von der allgemeinen Öffentlichkeit abzugrenzen und auf diese Weise für einen Distinktionsgewinn zu sorgen.

Ein solcher Distinktionsgewinn entsteht, wenn sich eine überlegen fühlende Bevölkerungsgruppe wie das Militär von niedriger bewerteten Gruppen bzw. der »Masse« abheben kann. Radziwills *Inselbrücke* ermöglichte dem Schiffskommandanten auf diese Weise, sich als Teil einer wissenden bzw. eingeweihten Militärelite zu fühlen.

Für den Käufer des Gemäldes ergäbe sich in diesem Fall folgende erbauliche Bildaussage: Die ignorante Presse und Öffentlichkeit haben zwar keine Ahnung, dass ein kampfkräftiges »Wunderschiff« einsatzbereit im Hafen liegt, aber wir Auserwählten von der Marine wissen um so besser, dass der Frühling naht und das Schiff dann für Deutschland auf Große Fahrt gehen wird.

Literatur

Abkommen, betreffend die Beschießung durch Seestreitkräfte in Kriegszeiten (1907, 18. Oktober), online unter de.wikisource.org/wiki/Abkommen,_betreffend_die_Beschie%C3%9Fung_durch_Seestreitkr%C3%A4fte_in_Kriegszeiten (02.02.2023).

Anonymus (1931): Stapellauf des Panzerkreuzers A. In: *Rhein- und Ruhrzeitung*, Duisburg, 19.5.31.

Anonymus (1933a): Musizierende Fische und lachende Krebse. In: *Stadtanzeiger für Castrop-Rauxel und Umgebung*, 1.11.33.

Anonymus (1933b): »Es sei ein Wille über allen deutschen Sendern!« Ein Rundgang durch die gestern eröffnete Berliner Jubiläums-Funkausstellung. In: *Echo der Gegenwart*, Aachen, 19.8.33.

Anonymus (1933c): Der Führer will Arbeit und Frieden. In: *Bremer Zeitung*, 1.11.33.

Anonymus (1933d): Die Antwort des Flottenchefs. In: *BNZ*, 6.4.33.

Anonymus (1933e): Es wird fleißig weitergerüstet! In: *Westfälischer Beobachter*, Herford, 9.8.33.

Anonymus (1933f): Panzerschiff ›Deutschland‹ frontbereit. In: *BNZ*, 2.4.33.

Anonymus (1933g): Brücke aus einem Stück. In: *Buersche Volkszeitung*, 11.8.33.

Anonymus (1933h): Erste Probefahrt der ›Deutschland‹. In: *Rhein- und Ruhrzeitung*, Duisburg, 19.1.33.

Anonymus (1933i): Zweite Probefahrt des Panzerschiffes ›Deutschland‹. In: *Rhein- und Ruhrzeitung*, Duisburg, 9.2.33.

Anonymus (1933j): Der Reichswehrminister in Kiel. In: *Rhein- und Ruhrzeitung*, Duisburg, 17.2.33.

Anonymus (1933k): Panzerschiff ›Deutschland‹ zur Abnahmefahrt ausgelaufen. In: *Rhein- und Ruhrzeitung*, Duisburg, 27.2.33.

Anonymus (1933m): Gute Fahrt der ›Deutschland‹. In: *Iserlohner Kreisanzeiger*, 1.3.33.

Anonymus (1933n): ›Deutschland‹ und ›Admiral Scheer‹. In: *Rhein- und Ruhrzeitung*, Duisburg, 2.4.33.

Anonymus (1933o): Abschluß der Flottenübung. In: *Rhein- und Ruhrzeitung*, Duisburg, 23.5.33.
Anonymus (1933p): Reichsheer und Marine. In: *Rhein- und Ruhrzeitung*, Duisburg, 18.8.33.
Anonymus (1933q): Flottenübungen. In: *Rhein- und Ruhrzeitung*, Duisburg, 12.9.33.
Anonymus (1933r): Der Panzerkreuzer ohne Nieten. In: *Innsbrucker Nachrichten*, 28.1.33.
Anonymus (1933s): Erste Sitzung des neuen Kreistages. In: *Gütersloher Volks-Zeitung*, 6.4.33.
Anonymus (1934a): Admiral Raeder in Kiel. In: *Kölnische Zeitung*, 9.4.34.
Anonymus (1934b): Reichswehrminister von Blomberg ... In: *Bochumer Anzeiger*, 11.4.34.
Anonymus (1934c): Hitler an Bord der Deutschland. In: *Kölnische Zeitung*, 11.4.34.
Anonymus (1934d): Hitler an Bord des Panzerschiffs ›Deutschland‹. In: *Volksblatt/Hörder Volksblatt*, 13.4.34.
Anonymus (1934e): Bücherschau. In: *Bochumer Anzeiger*, 6.6.34.
Anonymus (2007): Portrait: Kollegen nannten ihn "Naziwill". Heldenlieder und Dämonen: Eine Ausstellung zum Maler Franz Radziwill geht auf Tour. In: *Die Welt*, 22.2.07. Online unter welt.de/welt_print/article729668/Kollegen-nannten-ihn-Naziwill.html (22.2.2023).
Austermann, Philipp (2020): Der Weimarer Reichstag. Die schleichende Ausschaltung, Entmachtung und Zerstörung eines Parlaments. Wien u.a.: Böhlau.
Bracke, Gerhard (2008): Dienst auf berühmten und auf besonders gefährdeten Schiffen. Norderstedt: BoD.
Burk, James (1999): Military Culture. In: Lester R. Kurtz/Jennifer E. Turpin (Hrsg.): Encyclopedia of Violence, Peace and Conflict. Band 2, F–Pe. San Diego et al.: Academic Press, 447–462.
Deutsche Nationalbibliothek, Zeitschriftendatenbank (o.J.): Wilhelmshavener Kurier : parteiamtl. Tageszeitung der NSDAP. Online, zdkatal og.de/title.xhtml?idn=01688468X&direct=true (11.11.2022).
Deutsches Institut für Zeitungskunde (Hrsg.) (1934): Handbuch der deutschen Tagespresse, 5. Auflage. Berlin: Duncker.
DL (1933): Genf und die Flottenfrage. In: *Wittener Tageblatt*, 23.10.33.
Dovifat, Emil (1934): Vorwort. In: Handbuch der deutschen Tagespresse (1934). 5. Auflage. Hrsg. v. Deutschen Institut für Zeitungs-

kunde, Berlin. Berlin: Duncker, S. 5*–6*.

Esenwein, George R. (2005): The Spanish Civil War. A Modern Tragedy. New York/London: Routledge.

Frei, Norbert/Johannes Schmitz (1999): Journalismus im Dritten Reich. Dritte, überarbeitete Auflage. München: Beck.

Gebert, Otto von (1933): Das Gesicht des kommenden Krieges. In: *BNZ. Bremer Nationalsozialistische Zeitung*, 6.4.33.

Gómez García, Iñigo (2020): La Marina Alemana y la Espana de Franco 1936-1945. Dissertation am Departamento de Historia Contemporánea der Universidad del País Vasco/Euskal Herriko Unibertsitatea Bilbao.

Griesinger, Rene (2022): Linienschiff SMS Kaiser Wilhelm der Große. In militaer-wissen.de, www.militaer-wissen.de/linienschiff-sms-kaiser-wilhelm-der-grosse/ (9.11.2022).

Hachtmann, Rüdiger (2004): Eine Erfolgsgeschichte? Schlaglichter auf die Geschichte der Generalverwaltung der Kaiser-Wilhelm-Gesellschaft im "Dritten Reich". Berlin: Max-Planck-Gesellschaft zur Förderung der Wissenschaften.

Georg, Werner (2014): Lebensstil (style de vie). In: Gerhard Fröhlich/ Boike Rehbein (Hg.): Bourdieu-Handbuch Leben – Werk – Wirkung. Stuttgart/Weimar: J.B. Metzler, S. 165-168.

Hagen, Ulrich vom (2012): Homo militaris. Bielefeld: Transcript.

Harris, Christopher John (2017): Adolf Hitler på visitt i Sognefjorden. In: Norwegisches Nationalarchiv online, 2.6.2017, www.arkivverket.no/utforsk-arkivene/andre-verdenskrig/krigen-bryter-ut/adolf-hitler-pa-visitt-i-sognefjorden#!#block-body-7 (12.12.2022).

Hildebrandt, H. (1933): 1000 Jahre deutsche Marine. In: *Velberter Zeitung*, 2.9.33.

Hinrichs, Nina (2014): Meeresbilder – Künstlerische Auseinandersetzungen mit der Nordsee in der Zeit des Nationalsozialismus. In: Rudolf Holbach/Dietmar von Reeken (Hrsg.): »Das ungeheure Wellen-Reich«. Bedeutungen, Wahrnehmungen und Projektionen des Meeres in der Geschichte (Oldenburger Schriften zur Geschichtswissenschaft, Band 15). Oldenburg: BIS-Verlag der Carl von Ossietzky Universität Oldenburg, S. 115–131.

Hinrichs, Nina (2017): Wattenmeer und Nordsee in der Kunst. Darstellungen von Nolde bis Beckmann. Göttingen: V&R unipress.

Hümme, Heike (2005): Künstlerischer Opportunismus in der Malerei und Plastik des Dritten Reiches. Diss., Fachbereich für Geistes- und

Erziehungswissenschaften der TU Carolo-Wilhelmina zu Braunschweig. Braunschweig, online, leopard.tu-braunschweig.de/servlets/MCRFile NodeServlet/dbbs_derivate_00000038/Document.pdf (11.11.2022).

Hüneke, Andreas (2017): Kulturpolitische Illusionen. In: Birgit Neumann-Dietzsch/Viola Weigel: Der Maler Franz Radziwill in der Zeit des Nationalsozialismus. Bielefeld et al.: Kerber Art, S. 37–41.

Imhof, Kurt (2008): Die seismographische Qualität der Öffentlichkeit. In: Bonfadelli, Heinz/Kurt Imhof/Roger Blum/Otfried Jarren (Hrsg.): Seismographische Funktion von Öffentlichkeit im Wandel. Wiesbaden: VS, S. 17-56.

Kauschmann, Herbert (1933): Wanne-Eickeler auf Ostlandfahrt. In: *Wanne-Eickeler Zeitung*, 9.9.33.

Kepplinger, Hans Mathias/Bastian Rouwen (2000): Der prognostische Gehalt der Nachrichtenwerttheorie. In: *Publizistik*, Jg. 45, Heft 4, S. 462–475.

Königstein, Jaques (1933): Glossen für Zeitgenossen. In: *Aachener Anzeiger/Politisches Tageblatt*, Mittagsausgabe, 8.4.33.

Koop, Gerhard/Klaus-Peter Schmolke (2014): Pocket Battleships of the Deutschland Class. Warships of the Kriegsmarine. Annapolis: Naval Institute Press.

Koopmann, Jan-Paul (2023): Theater outet Antisemiten. Das Oldenburgische Staatstheater widmet dem Maler Franz Radziwill eine theatrale Werkschau. Darin belegt: bislang unbekannte antisemitische Äußerungen. In: *Die Tageszeitung*, taz nord, 22.2.23.

Koszyk, Kurt (1972): Deutsche Presse 1914-1945. Geschichte der deutschen Presse, Teil III. (Abhandlungen und Materialien zur Publizistik; 7). Berlin (West): Colloquium.

Kunsthalle Wilhelmshaven (2011): Der Maler Franz Radziwill in der Zeit des Nationalsozialismus. In: Kunsthalle Wilhelmshaven online, www.kunsthalle-wilhelmshaven.de/en/exhibitions/der-maler-franz-radziwill-in-der-zeit-des-nationalsozialismus (12.12.22).

Ludwig, Daniel (2019): ›Admiral Scheer‹ und die Beschießung von Almeria. In: Ders. (Hg.): Krieg zur See online, krieg-zur-see.de/admiral-scheer-und-die-beschiessung-von-almeria/ (2.2.2023).

Matysiak, Stefan (2004): Die Entwicklung der ostdeutschen Tagespresse nach 1945 - Bruch oder Übergang? Göttingen: Univ. Diss., online unter webdoc.sub.gwdg.de/diss/2004/matysiak/matysiak.pdf

Matysiak, Stefan (2005): Dreihundert Jahre ›Hildesheimer Allgemeine Zeitung‹. Traditionsbildung und publizistische Entwicklung einer

Heimatzeitung. In: Verlag Gebrüder Gerstenberg (Hg): 300 Jahre ›Hildesheimer Allgemeine Zeitung‹. Seitenblicke. Hildesheim 2005, S. 21-49.

Matysiak, Stefan (2023): Digitale historische Medieninhaltsanalyse. In: *MaGIP - Medienanalysen des Göttinger Instituts für Presseforschung* (i. Dr.).

Neumann-Dietzsch, Birgit (2011): Franz Radziwill im Nationalsozialismus. In: Birgit Neumann-Dietzsch/Viola Weigel (Hg.): Der Maler Franz Radziwill in der Zeit des Nationalsozialismus. Bielefeld: Kerber, S. 9-14.

Onyr. (1933): Vom ersten zum neuesten deutschen Panzerschiff. In: *BNZ*, 6.4.33.

Hale, Oron J. (1965): Presse in der Zwangsjacke 1933-45. Düsseldorf: Droste.

Peters, Olaf (1998): Neue Sachlichkeit und Nationalsozialismus. Affirmation und Kritik. 1931–1947. Berlin: Reimer.

Pilger, Andreas (2018): Rhein und Ruhr Zeitung. 1849 – 1940. In: Zeitungsportal zeit.punktNRW online, zeitpunkt.nrw/ulbbn/periodical/titleinfo/6230103 (12.1.23).

Plaß, Hans-Peter (2017): Ringelnatz – Orte in Wilhelmshaven und Umgebung. Online, http://sf4e9d3482810daef.jimcontent.com (5.9.2022).

Prager, Hans Georg (1995): Panzerschiff Deutschland. Schwerer Kreuzer Lützow. Ein Schiffs-Schicksal vor den Hintergründen seiner Zeit. 5. Auflage. München: Heyne.

Reichspropagandaministerium, Reichspressekonferenz (1934): Presseanweisung, 6.12.1934. Abgedruckt in: Hans Bohrmann (Hg.): NS-Presseanweisungen der Vorkriegszeit. Edition und Dokumentation. Bd. 2: 1934. München et al.: K. G. Saur.

Röhl, John C. G. (2013): Wilhelm II. München: Beck.

Sams, Chris (2017): German Raiders of the First World War: Kaiserliche Marine Cruisers and the Epic Chases. Brimscombe: Fonthill Media.

Schmied, Wieland (2003): Leidenschaft und kühler Blick. Expressionismus und neue Sachlichkeit. In: *Jahrbuch der Bayerischen Akademie der Schönen Künste*, Jg. 17, S. 151–254.

Schreiber, Gerhard (1981): Die Rolle Frankreichs im strategischen und operativen Denken der deutschen Marine. In: Klaus Hildebrand/Klaus Manfrass/Karl Ferdinand Werner (Hrsg.): Deutschland und Frankreich 1936 – 1939. (Beihefte der Francia; 10.) München/Zürich: Artemis, S. 167–214.

Schulte-Wülwer, Ulrich (1989): Fritz Witschetzky – Marineoffizier, Maler und Freund von Franz Radziwill. In: *Nordelbingen*, Bd. 58, S. 137-178.

Soine, Knut (1992b): Franz Radziwill – Bilder der Seefahrt. In: Ders. (Hg.): Franz Radziwill. Bilder der Seefahrt. Bremen: H. M. Hausschild, 7-33.

Soine, Knut (Hrsg.) (1992a): Franz Radziwill. Bilder der Seefahrt. Bremen: H. M. Hausschild.

Stadtarchiv Wilhelmshaven (2009): Bestandsübersicht Mikrofilme, gebundene Zeitungen. Online unter www.wilhelmshaven.de/PDF/Infomaterial/13-01_Stadtarchiv/13-01_6950_Findbuch_Mikrofilme_2009.pdf?m=1424357525& (11.11.2022).

Sywottek, Jutta (1976): Mobilmachung für den totalen Krieg. Die propagandistische Vorbereitung der deutschen Bevölkerung auf den Zweiten Weltkrieg. Opladen: Westdeutscher Verlag.

Toepser-Ziegert, Gabriele (1985): Einleitung. In: Hans Bohrmann (Hg.): NS-Presseanweisungen der Vorkriegszeit. Edition und Dokumentation. Bd. 2: 1934. München et al.: K. G. Saur, S. 13*–36*.

Van Dyke, James A. (2011): Franz Radziwill and the Contradictions of German Art History. 1919–45. Ann Arbor: University of Michigan Press.

Van Dyke, James A. (2017): Inselbrücke in Wilhelmshaven. In: Birgit Neumann-Dietzsch/Viola Weigel: Der Maler Franz Radziwill in der Zeit des Nationalsozialismus. Bielefeld et al.: Kerber Art, S. 68f.

Weigel, Viola (2017): Wilhelmshaven im Bild. Franz Radziwill 1928–1944. In: Birgit Neumann-Dietzsch/Viola Weigel: Der Maler Franz Radziwill in der Zeit des Nationalsozialismus. Bielefeld et al.: Kerber Art, S. 15–20.

Wilke, Jürgen (2007): Presseanweisungen im zwanzigsten Jahrhundert. Erster Weltkrieg, Drittes Reich, DDR. Köln/Weimar: Böhlau.

Wilke, Jürgen/Elisabeth Noelle-Neumann (1994): Pressegeschichte. In: Elisabeth Noelle-Neumann/Winfried Schulz/Jürgen Wilke (Hrsg.): Das Fischer Lexikon Publizistik Massenkommunikation. Aktualisierte, vollständig überarbeitete Neuausgabe. Frankfurt/Main, S. 417-452.

Abkürzungen

CDU	Christlich Demokratische Union Deutschlands
DDP	Deutsche Demokratische Partei
DNB	Deutsches Nachrichtenbüro, staatliche Nachrichtenagetur
DNVP	Deutschnationale Volkspartei
KPD	Kommunistische Partei Deutschlands
NS	Nationalsozialismus, nationalsozialistisch
NSDAP	Nationalsozialistische deutsche Arbeiterpartei
o.J.	ohne Jahresangabe
S.M.	Seiner Majestät
SPD	Sozialdemokratische Partei Deutschlands
zit. n.	zitiert nach